四特 教育系列丛书 SITEJIAOYUXILIECONGSHU

抒情写作指导

《"四特"教育系列丛书》编委会 编著

吉林出版集团股份有限公司
全国百佳图书出版单位

图书在版编目 (CIP) 数据

抒情写作指导／《"四特"教育系列丛书》编委会编著.
—长春：吉林出版集团股份有限公司，2012.4
（"四特"教育系列丛书／庄文中等主编. 学生阅读与作文方法指导）
ISBN 978-7-5463-8696-6

Ⅰ.①抒…　Ⅱ.①四…　Ⅲ.①作文课－中小学－教学参考资料　Ⅳ.① G634.343

中国版本图书馆 CIP 数据核字（2012）第 043992 号

抒情写作指导

SHUQING XIEZUO ZHIDAO

出 版 人	吴　强
责任编辑	朱子玉　杨　帆
开　　本	690mm×960mm　1/16
字　　数	250 千字
印　　张	13
版　　次	2012 年 4 月第 1 版
印　　次	2023 年 2 月第 3 次印刷

出　　版	吉林出版集团股份有限公司
发　　行	吉林音像出版社有限责任公司
地　　址	长春市南关区福祉大路 5788 号
电　　话	0431-81629667
印　　刷	三河市燕春印务有限公司

ISBN 978-7-5463-8696-6　　　　定价：39.80 元

前 言

　　学校教育是人一生中所受教育最重要组成部分,个人在学校里接受计划性的指导,系统地学习文化知识、社会规范、道德准则和价值观念。学校教育从某种意义上讲,决定着个人社会化的水平和性质,是个体社会化的重要基地。知识经济时代要求社会尊师重教,学校教育越来越受重视,在社会中起到举足轻重的作用。

　　"四特教育系列丛书"以"特定对象、特别对待、特殊方法、特例分析"为宗旨,立足学校教育与管理,理论结合实践,集多位教育界专家、学者以及一线校长、老师们的教育成果与经验于一体,围绕困扰学校、领导、教师、学生的教育难题,集思广益,多方借鉴,力求全面彻底解决。

　　本辑为"四特教育系列丛书"之《学生阅读与作文方法指导》。

　　阅读能力被著名教育家苏霍姆林斯基称之为学习技能的五把刀子之一,它不仅是语文学习能力的主要构成因素,也是训练学生的表达能力的重要途径,还是一切智力活动的基础。因此,有效阅读一直就是语文教学的核心,要提高语文能力,提升语文素养,必须加强有效阅读。

　　作文是人们交流思想和社会交际的重要工具。生活在现实社会里,无论你从事什么行业,都离不开写作,写作是人类生活的基本工具,是每一个社会成员搞好各项工作必须应具备的一种起码素质。本书从肖像、语言、行动、心理、场面、景物、静态、状物、抒情和话题等方面,为广大青少年提供了实际指导和范文阅读,使大家不仅可以学到作文的知识,还能感受到好词好句好段中所蕴含的优美意境,能够受到精神的陶冶。

　　本辑共20分册,具体内容如下:

　　1.《肖像描写阅读指导》

　　肖像描写即描绘人物的面貌特征,它包括人物的身材、容貌、服饰、打分以及表情、仪态、风度、习惯性特点等。肖像描写的目的是以"形"传"神",刻画人物的性格特征,反映人物的内心世界。描是描绘,写是摹写。描写就是用生动形象的语言,把人物或景物的状态具体地描绘出来。这是一般记叙文和文学写作常用的表达方法。本书针对学生如何高效阅读肖像描写类文章进行了系统而深入的分析和探讨,并给予了切实的指导,对中小学生颇有启发意义。

　　2.《语言描写阅读指导》

　　语言描写是塑造人物形象的重要手段。成功的语言描写总是鲜明地展示人物的性格,生动地表现人物的思想感情,深刻地反映人物的内心世界,使读者"如闻其声,如见其人",获得深刻的印象。本书针对学生如何高效阅读语言描写类文章进行了系统而深入的分析和探讨,并给予了切实的指导,对中小学生颇有启发意义。

　　3.《行动描写阅读指导》

　　行动描写是刻画人物的手法之一,是塑造人物的主要手段。行动是人物思想性格的直接表现,因此,人物的行动描写就要善于抓住人物具有特征性的动作,从而展示人物的精神面貌,反映人物的性格特征,塑造出个性鲜明的人物形象。本书针对学生如何高效阅读行动描写类文章进行了系统而深入的分析和探讨,并给予了切实的指导,对中小学生颇有启发意义。

4.《心理描写阅读指导》

心理描写是指在文章中,对人物在一定的环境中的心理状态、精神面貌和内心活动进行的描写。是作文中表现人物性格品质的一种方法。最常用的是描写人物的内心独白,写出人物的所思所想,让人物一无遮掩地吐露自己的心声,说出他的欢乐和悲伤、矛盾和愁郁、忧虑和希望,使读者穿透人物外表,看到人物的内心世界。本书针对学生如何高效阅读心理描写类文章进行了系统而深入的分析和探讨,并给予了切实的指导,对中小学生颇有启发意义。

5.《场面描写阅读指导》

场面描写,就是对一个特定的时间与地点内许多人物活动的总体情况的描写。它往往是叙述、描写、抒情等表述方法的综合运用,是自然景色、社会环境、人物活动等描写对象的集中表现。场面描写要表现出一种特定的气氛要综合运用记叙、描写、抒情、议论等表达手段,以及映衬、象征等多种手法,这样才能使场面变成一幅生动而充满感染力的图画。本书针对学生如何高效阅读场面描写类文章进行了系统而深入的分析和探讨,并给予了切实的指导,对中小学生颇有启发意义。

6.《景物描写阅读指导》

景物描写,是指对自然环境和社会环境中的风景、物体的描写。景物描写主要是为了显示人物活动的环境,使读者身临其境。本书针对学生如何高效阅读景物描写类文章进行了系统而深入的分析和探讨,并给予了切实的指导,对中小学生颇有启发意义。本书不仅提供了学生有效阅读同范文,还提供了相应的阅读把握方法等,具有很强的系统性、实用性、实践性和指导性。

7.《风俗描写阅读指导》

风俗习惯指个人或集体的传统风尚、礼节、习性。是特定社会文化区域内历代人们共同遵守的行为模式或规范。风俗由于一种历史形成的,它对社会成员有一种非常强烈的行为制约作用。风俗描写主要包括民族风俗、节日习俗、传统礼仪等等。本书针对学生如何高效阅读风俗描写类文章进行了系统而深入的分析和探讨,并给予了切实的指导,对中小学生颇有启发意义。

8.《记叙文阅读指导》

阅读记叙文必须注意把握文章的基本要素,理清记叙的顺序以及线索,准确理解记叙中的描写议论和抒情。只有这样,才能从整体上全面把握记叙文的内容,理解作者的写作意图和文章所反映的中心思想。本书针对学生如何高效阅读记叙文进行了系统而深入的分析和探讨,并给予了切实的指导,对中小学生颇有启发意义。

9.《抒情散文阅读指导》

抒情散文主要是抒发作者对现实生活的感受、激情和意愿。抒情散文抒发的是怎样的感情,如何抒发,都与文章揭示的思想意义是否深广有极大的关系。本书针对学生如何高效阅读抒情散文进行了系统而深入的分析和探讨,并给予了切实的指导,对中小学生颇有启发意义。本书不仅提供了学生有效阅读同范文,还提供了相应的阅读把握方法等,具有很强的系统性、实用性、实践性和指导性。

10.《话题性范文阅读指导》

话题性文章一般与学生的生活实际联系的最紧密,学生应该有话可写。但由于话题比较宽泛,要出采也不容易。写作的关键在于把话题转化,或化大为小,或化抽象为具体。本书针对学生如何高效阅读话题性文章进行了系统而深入的分析和探讨,并给予了切实的指导,对中小学生颇有启发意义。

11.《肖像写作指导》

肖像描写即描绘人物的面貌特征,它包括人物的身材、容貌、服饰、打扮以及表情、仪态、风度、习惯性特点等。肖像描写的目的是以"形"传"神",刻画人物的性格特征,反映人物的内心世界。描是描绘,写是摹写。描写就是用生动形象的语言,把人物或景物的状态具体地描绘出来。本书针对学生如何提高肖像描写类作文写作水平进行了系统而深入的分析和探讨,并给予了切实的指导,对中小学生颇有启发意义。

12.《语言写作指导》

语言描写是塑造人物形象的重要手段。成功的语言描写总是鲜明地展示人物的性格,生动地表现人物的思想感情,深刻地反映人物的内心世界,使读者"如闻其声,如见其人",获得深刻的印象。本书针对学生如何提高语言描写类作文写作水平进行了系统而深入的分析和探讨,并给予了切实的指导,对中小学生颇有启发意义。

13.《行动写作指导》

行动描写是刻画人物的手法之一,是塑造人物的主要手段。行动是人物思想性格的直接表现,因此,人物的行动描写就要善于抓住人物具有特征性的动作,从而展示人物的精神面貌,反映人物的性格特征,塑造出个性鲜明的人物形象。本书针对学生如何提高行动描写类作文写作水平进行了系统而深入的分析和探讨,并给予了切实的指导,对中小学生颇有启发意义。

14.《心理写作指导》

心理描写是指在文章中,对人物在一定的环境中的心理状态、精神面貌和内心活动进行的描写。是作文中表现人物性格品质的一种方法。最常用的是描写人物的内心独白,写出人物的所思所想,让人物一无遮掩地吐露自己的心声,说出他的欢乐和悲伤、矛盾和愁郁、忧虑和希望,使读者穿透人物外表,看到人物的内心世界。本书针对学生如何提高心理描写类作文写作水平进行了系统而深入的分析和探讨,并给予了切实的指导,对中小学生颇有启发意义。

15.《场面写作指导》

场面描写,就是对一个特定的时间与地点内许多人物活动的总体情况的描写。它往往是叙述、描写、抒情等表述方法的综合运用,是自然景色、社会环境、人物活动等描写对象的集中表现。场面描写要表现出一种特定的气氛要综合运用记叙、描写、抒情、议论等表达手段,以及映衬、象征等多种手法,这样才能使场面变成一幅生动而充满感染力的图画。本书针对学生如何提高场面描写类作文写作水平进行了系统而深入的分析和探讨,并给予了切实的指导,对中小学生颇有启发意义。

16.《景物写作指导》

景物描写,是指对自然环境和社会环境中的风景、物体的描写。景物描写主要是为了显示人物活动的环境,使读者身临其境。本书针对学生如何提高景物描写类作文写作水平进行了系统而深入的分析和探讨,并给予了切实的指导,对中小学生颇有启发意义。本书除了提供各种作文的方法外,还提供了大量的好词、好段、好句供广大学生作文时参考借鉴,因此具有很强的系统性、实用性、实践性和指导性。

17.《静态写作指导》

在写物的静态时,我们要尽量去发掘这一静物的动态。如果我们要状写这些不可能有动态的物,那么,我们要去发现他们的质感和有活力的部分。如果我们抓住这些来写,那么,那些静静躺在盘子里,平平睡在盒子里的东西也会生出许多引人的魅力来。总之,我们写物的静态时,要尽量找些鲜活的因素来描上几笔,而且,这几笔往往是最最传神的。本书针对学生如何提高静态描写类作文写作水平进行了系统而深入的分析和探讨,并给予了切实的指导,对中小学生颇有启发意义。

18.《状物写作指导》

状物类作文,以"物"为描述的中心和文章的线索,或寓情于物,或托物言志,融知识性与趣味性于一体,表达文章的题旨。这是学生喜闻乐见的一种写作形式。因此,加强状物类作文的指导,既是学生的一种心理需求,也是新的课程标准的目标之一。本书针对学生如何提高状物类作文写作水平进行了系统而深入的分析和探讨,并给予了切实的指导,对中小学生颇有启发意义。

19.《抒情写作指导》

写抒情散文,重在"情"字。一篇文章要打动读者的感情,作者首先要自己动感情,把感情融注到字里行间。作家魏巍说过:"写好一篇东西,能打动人心,就要把心捧给读者。"把心捧给读者,就是要吐真情,有真意,让情真意切的行文去感动读者。本书针对学生如何提高抒情散文写作水平进行了系统而深入的分析和探讨,并给予了切实的指导,对中小学生颇有启发意义。

20.《话题写作指导》

要想写好话题作文,除了审题命题外,要注意选择自己最熟悉的事情,用自己真实的感情,另外还要选择自己应用得最拿手的文体,需要注意的是,话题作文也要注意体裁的确定,虽然作文的要求是让你自由选择文体,但是你一旦选择了某种文体,就一定要体现这种文体的特点,切不可写成四不象的作文来。总之,话题作文的写作给了你发挥自己写作优势的天地,只要选择自己最擅长的去写,你就会取得不错的成绩。本书针对学生如何提高话题作文写作水平进行了系统而深入的分析和探讨,并给予了切实的指导,对中小学生颇有启发意义。

由于时间、经验的关系,本书在编写等方面,必定存在不足和错误之处,衷心希望各界读者、一线教师及教育界人士批评指正。

编者

目 录

第一章

抒情写作指导

1. 什么叫抒情描写

　　"文章不是无情物","情者文之经"。写作离不开抒情,抒情是一种重要的表达技法。抒情的作用在于以情感人,即通过自己抒发的感情来激起读者感情上的共鸣。前人十分强调抒情在写作中的作用,如刘勰说:"繁采寡情,味之必厌。"

　　抒情,就是对主观感情的抒发和表达。抒情文则是以情感的抒写作为主要写作目的的文章。抒情是一种重要的写作手法,抒情文也是重要的散文形式之一。

2. 抒情描写的种类

(1) 直接抒情

　　写作者不借用其他方式而直接地倾吐胸中的感情,也称为"直抒胸臆"。在现代诗文中,有许多直接抒情的佳作。

　　例如秦牧在《土地》的结尾写道:

　　　　让我们捧起一把泥土来仔细端详吧!这是我们的土地呵!怎样保卫每一寸的土地呢?怎样使每一寸土地都发挥它的巨大的潜力,一天天更加美好起来呢?党正在领导和率领着我们前进。青春的大地也好像发出巨大的声音,要求每一个中国人民都作出回答。

再如赵恺的诗《我爱》中的诗句：

> 我爱我柳枝削成的第一枚教鞭，/我爱乡村小学泥垒的桌椅。/我爱篮球，它是我青春的形体。/我爱邮递员，我绿色的爱情在他绿色的邮包中栖息。

写作者不是直接来抒发对人物、事物的感情，而是在叙述、描写和议论中渗透自己的强烈感情，或者借人物之口来抒发自己的感情。

（2）间接抒情

通过叙述抒情：这是一种寓情于事的抒情方法，称为叙述性抒情。其特点是用充满感情的笔调进行叙述。

通过描写抒情：这是在描写人物尤其是描写景物时进行抒情的方法，可称为描写性抒情。写作时须把感情倾注、融会在描写之中，使描写带有鲜明的感情色彩。

通过议论抒情：这是一种附情于理的抒情方法，可称为议论性抒情。运用这种抒情方法，应注意它与一般谬论有所不同，这里的议论只是抒情的手段，是为抒情服务的。在写作时，不需要交代论据，也不必进行论证，只要用饱蘸浓郁感情的语言来议论人物、事物、景物，就可达到通过议论进行抒情的目的。

抒情的方法是受抒情的方式影响或决定的，而抒情的方式、方法则又是受抒情的内容影响或决定的。也就是说，必须根据所抒之情确定抒情之法。

叶圣陶在《作文论》中指出："抒情的工作，实在是把境界、事物、思想、推断等等，凡是用得到的足以表出一种情感的——抽出来，融会混合，依着情感的波澜起伏，组成一件新的东西，可见这是一种创造。但从另一方面讲，工具必取之于客观，组织又合于人类心情之自然，可见这不尽是创造，也含着摹写的意味。"

一般来说，直接抒情多与写人、记事、写景、状物结合使用，在这些写作的基础上，画龙点睛或是点明题意。直接抒情还经常用于作者感受最深刻、感情最强烈的地方，以精练的语言表达浓郁的感情和强烈的感染力。间接抒情因其表现手法的多样、含蓄，运用和也比直接抒情要广泛。但在大多情况下，两者是结合使用的，在间接抒情的基础上，以直接抒情点题或是升华情感，效果往往不错。

3. 抒情描写的方法

（1）借景抒情法

借景抒情又称寓情于景，是指作者带着强烈的主观感情去描写客观景物，通过景物来抒情。它的特点是"景生情，情生景"，情景交融，浑然一体。在文章中只写景，不直接抒情，以景物描写代替感情抒发，也就是王国维说的"一切景语皆情语。"

如杜甫的《春望》：

"国破山河在，城春草木深，感时花溅泪，恨别鸟惊心。"诗人通过对花鸟草木的描写来抒发亡国的忧愤、离散的感伤。在写作中，抒情而不直写情，绘景而不只写景，借景抒情，情以景兴，能使文章含而不露，蕴藉悠远，情丰意密，深切动人。

（2）触景生情法

触景生情，是指触及外界景物而引起情思，发为感叹述怀的方法。

这种方法可以先写景，再抒情；也可以先抒发对景物的感受，然后再描写景物；还可以把二者交织起来，一边写景，一边抒情。写景是为了抒情，笔在写景，却应当"字字关情"。

如刘白羽的《急流》就是一篇运用触景生情法的佳作。文章的前一部分主要是写景，作者首先是描写闽江江水的绿，再写江中急流的险，然后笔锋一转，重点描写急流中的飞舟。写"绿"，写"急流"，写"飞舟"，都是为写船上的勇士作铺垫。面对这幅急流飞舟、惊心动魄的画面，作者触景生情：在那紧急关头，是急流勇进，还是急流勇退呢？结论是只能前进，不能后退，因为"只要你稍微一怯弱，一动摇，那船便会撞碎在尖厉的岩石上"。

作者抒发了不畏艰难险阻，急流勇进，知难而上的革命情怀，情从景出，扣人心弦。

（3）咏物寓情法

咏物寓情，是通过描写客观事物来表达自己思想感情的一种表现手法。咏物寓情的关键在于"寓"。它的特点是，只描写物象，不直接抒情，作者将所要表达的思想感情寄寓在对物象的具体描绘之中，通过比喻、拟人、象征等方式，委婉曲折地表现作者的思想感情。如流沙河的《藤》，就是运用了咏物寓情的手法：

> 他纠缠着丁香，往上爬，爬，爬，……终于把花挂上树梢。丁香被缠死了，砍作柴烧了。他倒在地上，喘着气，窥视着另一株树……

这里写的是"藤"，但影射的是那种趋炎附势、踩着别人的肩膀向上爬的人。作者把自己对这种政治投机商的愤恨与蔑视的感情，寄寓在对"藤"的物性的描写之中，达到了形象性与抒情性的高度和谐与统一。咏物寓情，将思想感情化作生动的形象和具体的画面，不仅使读者在潜移默化中接受作者的思想观点，而且文章也因此而显示出情意深邃、韵味隽永的艺术魅力。

（4）咏物言志法

咏物言志，是指有感于外物而述志抒怀的方法。它与咏物寓情的区别是：咏物寓情只状物，不直接抒情，以状物代替抒情；咏物言志既状写事物，也直接抒怀，因物生情，有感而发。

如许地山的《落花生》就是咏物言志之作。文章首先"咏物"，描写花生的可贵品质："它只把果实埋在地底，等到成熟，才容人把它拔出来。"然后"言志"，说明做人的道理：要做有用的人，不能做表面好看而对别人没有益处的人。咏物言志，既有物象，又有情志，情志因物象而显得具体，物象因情志而饶有韵味。二者相融相汇，相映生辉。

（5）直抒胸臆法

直抒胸臆，就是作者或作品中的人物，不借助于任何别的手段，直接地表白和倾吐自己的思想感情，以感染读者，引起共鸣。直抒胸臆的特点是：不要任何"附着物"，而是思想感情直截了当地宣泄；不讲究含蓄委婉，而是思想感情毫无遮掩地袒露。这种直陈肺腑的抒情方式，往往显得坦率真挚、朴质诚恳，很能打动人心。如魏巍《谁是最可爱的人》，在介绍志愿军战士的几个英雄事例后，写下了这样一段抒情文字：

朋友们，用不着多举例。你已经可以了解我们的战士是怎样的一种人，这种人是什么一种品质，他们的灵魂是多么美丽和宽广。他们是历史上、世界上第一流的战士，第一流的人！他们是世界上一切伟大人民的优秀之花！是我们值得骄傲的祖国之花！我们以我们的祖国有这样的英雄而骄傲，我们以生在这个英雄的国度而自豪！

作者饱含深情，直抒胸臆，表达了对志愿军战士的无比崇敬和热爱之情

（6）融情于事法

融情于事，指通过叙述事件来抒发感情，让感情从具体事件的叙述中自然地流露出来，感染读者。这种渗透着感情的叙述，读者品味起来就更觉得真诚可亲。如朱自清的《背影》，写父亲给儿子道别时买橘子的那一段叙述文字，情真意切，感人至深。

　　我看见他戴着黑布小帽，穿着黑布大马褂，深青布棉袍，蹒跚地走到铁道边，慢慢探身下去，尚不大难。可是他穿过铁道，要爬上那边月台，就不容易了。他用两手攀着上面，两脚再向上缩；他肥胖的身子向左微倾，显出努力的样子。这时我看见他的背影，我的泪很快地流下来了。

这一段叙述文字，朴实无华，把慈父的爱子之情和儿子对父亲的感激之情表达得淋漓尽致。

（7）融情于理法

融情于理，就是把感情寄寓在说理之中，理中含情，既可以使情具有深度、厚度，又可以使理闪烁出充满个性色彩的情思，拨动人的心弦。如林觉民的《与妻书》就是一篇融情于理的美文。为了向妻子最后一次表白自己的心志和爱憎，作者并非情意缠绵、泪语柔情，而是以理代情：

吾至爱汝，即此爱汝一念，使吾勇于就死也……助天下人爱其所爱，所以敢先汝而死，不顾汝也。汝体吾此心，于啼泣之余，亦以天下人为念，当亦乐牺牲吾身与汝身之福利，为天下人谋永福也。汝其勿悲！

作者将爱妻之情与"勇于就死"之理熔为一炉，以含情之笔说理，以明理之言诉情，感人肺腑，催人泪下。

4. 抒情写作的技巧

(1) 感叹法

就是要想方设法把各种抽象的感情，如"喜、怒、哀、乐"、"阴、晴、圆、缺"等，透过文字的修辞，转变成具体的印象，才能使读者产生"感同身受"的共鸣。如在《我是一只渴望飞翔的鸟》中有这样一段描写：

相信我们吧！外面的风再狂雨再大，我们有顽强的毅力，也阻止不了我们前进的步伐；山再高水再深，我们有坚定的信念，也浇灭不了我们斗争的火焰！

不管距离我能够飞翔还有多长时间，我仍不会灰心，因为我是一只渴望飞翔的小鸟。

作者通过抒情真诚地呼唤，渴望理解，追求自由，给人留下深刻的印象，实际也是对当今的家庭教育进行剖析，提出了一个值得关注与思考的问题。

（2）**直陈法**

就是把自己的情感或利用文字或举出事例说明，直接说出来传达给读者。在《攀登改变了我》中有这样一段描写：

> 父亲让我看绝壁劲松，它们都是在最艰苦的地方生根发芽，长大成才，有时只是一棵，独立在悬崖绝壁之中，却粗大无比，笔直地伸向空中，决不旁骛，我顿时明白了父亲的良苦用心。攀登，我征服了高山！更征服了自己！
>
> 如今，我坐在考场，接受人生又一次巨大的考验，胸前，父亲送我的小鹰振翅欲飞，我又想起那难忘的经历，那次攀登高山的经历改变了我！
>
> 现在，是另一种攀登，另一种挑战，我将沉着应对，鹰击长空酬壮志，翱翔天宇振翅飞！

作者通过攀登大山的体验告诉我们，要敢于挑战自我，并举出事例，这场中考也是一次攀登的体验，直接把感受传达给读者。

（3）**比喻法**

"比喻法"或"比拟法"就是用"好像、仿佛、似的、犹如"等词，或举读者熟悉的人、事、物、例子，或"借物比我"，或"以我比物"的方法来传达、衬托自己的情绪和感情，以加深读者的印象。

> 如：有时候，一滴水就是一片海，一片树叶就是一个春天，一段故事就是一段人生，我在一则故事里受到了启发，它让我更爱我的亲爱的妈妈。（《那一次，我很受启发》）

通过比喻抒发了妈妈对"我"的爱以及"我"对妈妈的理解。

（4）衬托法

就是借描写周围的景物制造出某种气氛，来衬托作者情感，使读者有更深刻、更强烈的感受。在《你还会浮躁吗》中有这样一段描写：

> 江南细雨夜，手捧一壶香茶，听窗外雨声滴滴答答；阅手中万卷诗集，品古今文人墨客，各领风骚。于是斜风细雨不需归，一切都悠悠然地安静下来。你还会浮躁吗？

这里通过描写雨夜品茶听雨，阅诗品文，抒发了书籍对人的感化作用。

总之，抒情的技巧很多。只要我们在写作时，有意识地运用，就能使文章具体、真挚感人。

5. 抒情写作的要求

（1）要以叙述为基础

感情的抒发，不是凭空而来的，它必须以客观事物为依据，所以，常常是先叙述某件事，描写某个景物，作为铺垫，然后再把强烈的感情抒发出来。但不管是在篇首、篇中还是篇末抒情，是直接抒情还是间接抒情，都必须以叙述为基础，使抒情和叙述、描写有机结合，相辅相成，相得益彰。

（2）要和主题相一致

抒情只是一种手段，为表现主题服务才是抒情的根本目的，所以，抒情必须和主题相一致，不能背离主题。如果认为多一些抒情因素，会增加文章的感情色彩，就为文而造情，必然会使抒情游离于主题之外，这种节外生情，必然会使抒情流于空泛。写文章的目的在于感染人、激励人、教育人，所以，文章的思想性和作者的主观感情是相一致的。符合主题需要的积极健康的感情抒发得越充分，文章的思想性也就越突出、越有感召力，这样的抒情，才能为表现主题服务。

(3) 要注意感情的丰富性、复杂性

人的内心世界是十分丰富的、复杂的。在人的丰富、复杂的感情中，有的高尚，有的卑微，有的较单纯，有的较复杂。就具体感情而言，在一般情况下，不同的人的感情，有不同的主导方面，或以喜为主，或以悲为主，或以爱为主，或以恨为主，或以善为主，或以恶为主，并在一定条件下互相转化，不是简单化、绝对化的。要注意感情的丰富性、复杂性和多样化，不能把抒情简单化、公式化、概念化。只有不把抒情简单化、公式化、概念化，才能更好地揭示人物的内心世界，更充分地表现主题。

(4) 感情要真挚、健康

文贵情真。抒情要发自内心，要自然地流露出来，这样的感情才是真挚的，才有感染力。但并不是说一切真情实感都是好的。"世界上没有无缘无故的爱，也没有无缘无故的恨"。同是从胸臆中流出来的感情，还有个进步与落后，奋发向上与消沉颓废的差别。在文章中的抒情，不但是真挚自然的，而且要积极、健康。这是不能忽视的。

6. 抒情写作的注意事项

（1）抒发健康的、高尚的情感

写作时，我们要抒爱国主义之情，抒社会主义之情，反对抒发低级的、颓废的和庸俗的感情。

感情要健康、真挚，古人云："情贵乎真。"只有表达健康、真挚的感情，文章才能感动人。如果感情虚假、无病呻吟，甚至有低级趣味，那么即使文章运用再多的优美词语，也只是表面华丽，实则没有感人的力量。至于矫揉造作地堆砌一些所谓抒情性的语句，或有不健康的情调，不但不能引起读者的共鸣，反而会使人感到厌烦。

（2）抒发真挚的实在的情感

孔子说："情欲信，辞欲巧。"信，就是真实；写作要抒发真情实感。因为"不精不诚，不能感人。故强哭者虽悲不哀，强怒者虽威不严"。我们必须在真实的写作中杜绝虚情假意、无病呻吟。也不能故作多情，表达做作。

抒情要自然、真切。抒发自己的感情，就要说自己心里想说的话，即心中怎样想就怎样写，有什么感受就写什么感受，让感情在文中自然地流露出来。这样，文章才能避免矫揉造作，读后使人感到清新、自然。

（3）抒情要讲究方式、方法

在写作时，应根据主题表达的需要，认真斟酌、选择抒情方式、方法，重视抒情技巧。

善于用直接抒情和间接抒情。直接抒情就是在作者情之所至之时直抒胸臆。它以叙事、记人、写景、状物为基础，根据文章内容的需要灵活使用，往往用在作者感受最深、感情最强烈的地方，语言要精练，并往往蕴含着生活的哲理，旨在深化中心，增强文章的感染力。

间接抒情是借助文中的叙述、描写和议论做媒介来抒发感情。因依附的事物不同，具体表现形式也有差异，或依附于人，写人为抒情服务，人物形象不求完整，有时只写几个片段，借以抒发作者的感情，如朱自清的《背影》；或依附于事，把浓郁的情感熔铸在事件的记叙中，如刘绍棠的《暮春》；或依附于景，通过景物的描写来抒情，情景交融，如宗璞的《西湖的绿》、朱自清《春》；或依附于物，通过对某种物体的叙写来抒情，即托物抒情，如茅盾的《白杨礼赞》、郑振铎的《海燕》，等等。间接抒情比直接抒情运用得普遍、广泛，效果也比直接抒情好。但是，为了更好地表情达意，最好在文中把这两种方式有机地结合起来使用。

（4）抒情应充分利用修辞手法

文采，不在于文字的花哨和刻意雕饰，而在于表情达意，朴实真挚。如堆砌词藻，就象爱美而又不善于打扮的女人一样，以为涂脂抹粉，越浓越好，花花绿绿，越艳越好，其实俗不可耐，令人见了皱眉。

抒情写作，要有特别敏锐的眼光和洞察力，能看到和发现别人所没有看到的事物，还需有异常严密而深厚的文字功夫。写作时，不能心浮气躁，要静下心来，挖空心思找到准确的词句，并把它们排列得能用很少的话表达较多的意思。这就是古人所说的"言简意繁"。要使语言能表现出一幅生动的画面，简洁地描绘出人物的音容笑貌和主要特征，让读者一下子就牢牢记住被描写人物的动作、步态和语气。

语言的朴素美，并不排斥华丽美，两者是相对成立的。在散文作品里，我们往往看到朴素和华丽两副笔墨并用。该浓墨重彩的地方，尽意渲染，如天边锦缎般的晚霞；该朴素的地方，轻描淡写，似清澈小溪涓涓流淌。朴素有如美女的"淡扫蛾眉"，华丽亦非丽词艳句的堆砌，而是精巧的艺术加工，不着斧凿的痕迹。但不论是朴素还是华丽，若不附属于真挚感情和崇高思想的美，就易于像无限的浮萍，变得苍白无力，流于玩弄技巧的文字游戏。

像生活的海洋一样，语言的海洋也是辽阔无边的。行文潇洒，不拘一格，鲜活的文气，新颖的语言，巧妙的比喻，迷人的情韵，精彩的叠句，智慧的警语，优美的排比，隽永的格言，风趣的谚语，机智的幽默，含蓄的寓意，多种多样艺术技巧的自如运用，将使创作越发清新隽永、光彩照人。

第二章

抒情描写好段

1. 雨的诗意

哦，雨，你这个鬼精灵！让我不由自主地爱上你，又恨起你，让我莫名其妙地随你喜，随你忧。我要你在我伞顶舞蹈，抚弄我的面颊；我要你在校园中沾湿我的发丝，和我共享诗意；我要你那动人心的伤感，比过春日骄阳的绚丽！

2. 无私奉献

他幸福地一笑。在他微笑的一刹那，我看见他的脸就像那绽开的菊花。他身旁菊花开得那样旺盛，在这残冬的土地焕发着新的活力，顽强地完成生命最后的冲刺，无私地奉献着醉人的芳香。

3. 冬天的遐思

冬天的遐思像一只欢乐的小鸟，在枝头上向着冬天高歌。啊！美丽的冬天，我第一个向他问候。他孕育了春天，是春天在泥土下的梦。有许多人爱春天，却诅咒冬天。春天，确实是美的集合，可是，请不要诅咒冬天。听，英国伟大的浪漫主义诗人雪莱这样预言的：如果冬天来了，春天还会远吗？

4. 仰望繁塔

走出塔门，再仰望那繁塔的全景，我心中有种激情油然而生。如果我是诗人，我要选择最优美的诗句歌颂这雄伟的大塔，赞美我们祖先那超人的智慧才能；如果我是画家，一定要把繁塔那壮观的姿态和塔身那惟妙惟肖的佛像画下来，把这些画寄往四面八方，寄往世界各地，为我们中华民族争光，为我们开封古城扬名。

5. 秋的温柔

秋的温柔，不是卿卿我我，它是一种潇洒、一种气度、一种哲思。秋风阵阵地抚慰，秋雨潇潇地飘洒，寒蝉柔柔地低吟，还有那飘摇万姿的枫叶、漫天轻舞的芦絮，奏出一曲恬静而热烈的乐章……

6. 无垠的云海

凝视着这片无垠的云海，我陷入了沉思，这是多么奇特的景观啊！来时无影，去时无踪。是它，当太阳跳出东海时，以自己柔软浮动的身躯托住赤红的火球，让旭日更加气势磅礴；当人们在赞美黄山巍峨壮丽时，也是它以自己变幻不定的身影赋予这座名山以神奇的色彩，使它更加妩媚动人。

7. 家乡的变化

大年初一早晨，天气晴朗。我和爸爸妈妈乘车去郊区给爷爷奶奶拜年。奶奶家生活贫困，所以我们带了很多年货。谁料，一下汽车，我就惊呆了：去年还东倒西歪的小院落已焕然一新，三间大瓦房高大明亮，进到院里，还没等我开口，爷爷奶奶就把一个红包塞到我手里。啊！家乡，变得这么快，真是不可思议！

8. 立交桥上

　　我站在桥边向上望去，一辆辆汽车从不同的方向开来，又向不同的方向跑去，有趣极了。路边的小柏树和一排排华灯排列得整整齐齐，像等候检阅的队伍，装点着立交桥的雄姿。我爱这座立交桥，更爱我的家乡——沈阳，等我长大了一定让沈阳变得更美好。

9. 一轮落日

　　好圆的一轮落日啊！广阔的田野无边无际，就在那天地交接的地方，在地平线上，悬挂着一轮圆圆的落日。闭合的曲线，没有一丝儿缺损，只有造物主那神奇的圆规才能勾划出这完美的曲线。它不再放射刺眼的光芒，而是红彤彤的，那红色很浓、很深，似乎还有点沉甸甸的。它静静地悬挂在那儿，离我们似乎很近，又似乎很远。那田野就更显得广袤、深远了。此情此景，会令人想起一句诗："大漠孤烟直，长河落日圆。"那圆圆的落日啊……

10. 长城赞

　　啊，长城！

　　啊，长城！很早我就认识你了。

　　从"孟姜女哭长城"的传说中，从"万里长城永不倒"的歌声中，从"天下第一关"的游记中，我就知道你是世界历史上一个伟大的奇迹，是中华民族辉煌的象征。很多年过去了，你在我心中一直是一个梦幻般的谜。我不满足于画家笔下炫目的画面，我不满足于荧光屏上瞬间即逝的雄奇场景。我要亲自登上长城高大的城楼，我要亲手摸一摸古代劳动人民智慧的结晶，站在气势宏伟的雄关上放声歌唱……

11．大海

大海有时像一头咆哮的猛虎，汹涌澎湃，掀起阵阵狂澜，凶猛的海浪不断地拍打着礁石，发出巨大的声音；有时，它又像一位温柔的妈妈，让浪花欢快地跳跃。大海涨潮了，你站在沙滩上，水很快地冲上来，淹没你的双脚，又很快地退下去。海水一层一层往上涨，就像梯田一般。每次海浪冲过，沙滩上都会留下很多美丽的贝壳。大海最美的时候是清晨。每当火红的太阳露出水面，洒下它那金色的光辉时，大海被染得一片金红，好像涂了一层美丽的颜色，天水相接处分不出哪是水，哪是天。这雄伟壮观的景象，真使人心旷神怡。

12．颂太阳

不管是"夕阳无限好"，还是"长河落日圆"，多少代人对这团给予自己光明与温暖的太阳，忘情地歌颂着……歌颂之后，是虔诚的崇拜……崇拜之后，人类啊，可曾觉得，那金红炽热的一团，也昭示给我们一种精神？……

13．又是樱花飘落时

忽然有一天，台风吹折了樱花树的一根粗枝，嫣云则因脑部肿瘤压迫视神经而双目失明。一连两个月，樱花树畔看不到她的身影，也听不到她爽朗的笑声。只留下我一人独对着枯黄的落叶。她才十四岁，美好的一切刚刚开始。

可是，嫣云没有沉沦。在樱花盛开的时候，我俩在花前絮语。她对我说："霖枫，不要难过。我还能听、能闻、能触摸。在我心中，周围的一切依旧那样美好，你说是吗?"我用近乎哽咽的声音回答："是的，很美好……"

她的顽强毅力使我变得坚强，而我则成为她的另一双眼睛。花开时，给她描述满树樱花的绚丽；花落时，陪她一起站在树边轻摇树干，满天花雨飘落在我们的头上、身上，心也似乎变得纯净无瑕了。

我要搬家了，我们挥泪告别，相约明年花开时同赏樱花。春天来了，我回到老家，发现樱花已经开始凋落。嫣云走了，带着对美好未来的憧憬，带着6岁未做完的梦，留下人们对她的思念，留下她给我的激励。

啊！又是樱花飘落时……

14. 紫金山上的畅想

那一年，我去了南京。在紫金山上，我看到的星空似乎和以往的不一样了。那是个非常美的夜，巍峨的天文台的轮廓印在一片深蓝色的天幕上，恍若一座科学的宫殿，满天的星辰透过山间的青雾闪烁着。我坐在树下，仰望着它们，读着、想着。镶满珠玉的天空中，我好像读到一个又一个名字：张衡、祖冲之、伽利略、勒维列、开普勒……这些巨人们，在很久以前，不也是沉醉地遥望着星空吗? 在这部天书中，他们读到了很多，那是宇宙的奥秘。我眼前的群星，不正是他们众多的伟大发现吗? 在那风雨如磐的年代里，这些智慧的珍宝就是这样顽强地、勇敢地放射出剑一般的光芒，刺破愚昧与谬误的浓雾，照亮人们的心灵。我望着星空，拜倒在真理的瑰丽的光辉下。

15. 昆明湖畔抒怀

我缓缓地登上第二层，极目远眺，昆明湖波光粼粼，就像一幅缀满珍珠的绿缎。清晨的雾刚刚散去，西山仿佛是天然的画框，把园内的景物浓缩在画框里。淡蓝的天空，仿佛总有一天要沉入海底似的。抬起头来，蓬勃的朝阳在冉冉地上升，那柔和的金光给石舫披上了一层神奇的金色薄纱。石舫却无动于衷——它感觉不到时光的流逝，也没有对阳光的渴望。而我，一个新时代的青年，却清楚地感到今天的太阳毕竟与昨天的不同，因为我生命的船儿不是石舫，它正待扬帆出海！

16. 松树赞

我对松树怀有敬意的更重要的原因是它那种自我牺牲精神。你看，松树的干是用途极广的木材，并且是很好的造纸原料；松树的叶子可以提炼挥发油；松树的脂液可以制松香、松节油，是很重要的工业原料；松树的根和枝又是很好的燃料。更不用说在夏天它用自己的枝叶挡住炎炎烈日，叫人们在如盖的绿荫下休憩；在黑夜，它可以劈成碎片做成火把，照亮人们前进的路。总之一句话，为了人类，它的确是做到"粉身碎骨"的地步了。

17. 钢骨虚心

有人说竹子"钢骨虚心"。我想，用这四个字来赞誉家乡的竹是最恰当不过了。竹的中空告诉我们，人要懂得谦虚之道，若骄傲自满，必招致失败。看那竹子坚强挺立，撑起云霄，使我感到我们做人也要像竹子一样，做一个光明磊落、正直不屈的君子，如此才有扬眉吐气、勇于竞争的胆识。

18. 颂昙花

昙花，生命虽然短暂，它却没有虚度自己的一生。它把根深深地扎在泥土中，汲取水，摄取养料，接受大地广博的爱，最后，把自己洁白如玉的花、缕缕沁人心脾的花香，毫不保留地奉献给了人类。它对于人们有什么要求呢？什么也没有，一旦它的生命结束，便毫无怨言地悄悄离去，正如它悄悄地来到这个世界上一样。

我赞美昙花，是因为它具无私奉献的精神。尽管它的生命瞬息即逝，可它留下的清香却令人永生难忘。绢花与塑料花能存放很久很久，但它们只有华丽的外表，徒有花的芳名，却没有花的神韵。它的构成，只不过是假与美不愉快的结合，在我眼中，它的美是何等的肤浅！……

19. 绿藻赞

我们伟大的人民不正是祖国的绿藻吗？他们有着多么顽强的生命力！他们经历了深重的灾难、无数的挫折，但他们仍然挺直了被压弯的腰杆，推翻了三座大山，在殖民地半殖民地的废墟上重新建起幸福的家园。在改革开放大潮中，继续发挥着他们的聪明才智，为社会主义建设增砖添瓦。他们在平凡的岗位上默默奉献、积极进取、勇于开拓，不断发展壮大。

20. 落叶精神

落叶是伟大的，而具有落叶精神的人不是更伟大吗？宋伯伯，这位老共产党员，共和国的基石上有他的鲜血，祖国建设中，有他付出的汗水，如今，他就像这愈来愈浓的秋色一样，在自己的岗位上继续放着光和热，像落叶一样，默默地牺牲、奉献。正因为有无数这样的人，我们的祖国才像一棵参天大树，枝繁叶茂。

21. 颂向日葵

仲夏，向日葵长高了，恐怕有两米高。茎头花蕾打开了神秘的小包裹，露出"庐山真面目"。那是一幅金黄的脸，永远对着太阳微笑的脸。提起黄金，人们会想到："宁可枝头包香死，决不吹落北风中"的九秋之菊，其实葵花是兼具了菊花的坚强性格，同时摒弃了菊花的孤芳自赏。

22. 天涯何处无马莲

马莲，是极普通的，它不在观赏之列，也难登大雅之堂，然而我却深深地痴爱它。爱它纯洁高雅，弃妖冶之色，无意与群芳争艳，不惹蜂蝶狂舞，不择温暖舒适的暮春中吐艳，却甘愿与灼日风暴抗衡。马莲，这大自然所造就的优秀儿女以它自身的形象，给了我们多少有益的启迪！古人以"天涯何处无芳草"来抒发自己对春草的偏爱，那么我要用"天涯何处无马莲"表达我对马莲的深情，这也不算过分吧？

23. 枣树，质硬心实

这棵枣树平时是不被人注意的。粗糙的树皮，倾斜的树干，脚下是硬邦邦的土，像学校里混凝土的操场。它既没有门外海棠那样媚人的花朵，也没有院中泡桐那样优美的身姿，惟有铁杆铜枝，质硬心实。

24. 葡萄颂

葡萄啊，葡萄！你在春天给人们带来了希望；在夏天为人们遮光蔽雨；在秋季向人们献出丰硕之果；在冬季蕴育着生机。每当我想到这些时，总像在我的心头，也有一棵葡萄芽在萌发、生长、开花、结果……

25. 椰子树精神

椰子树是不屈不挠的，也是平凡的。它把自己熬风熬雨辛苦得来的果实，献给人们，就像战士把心献给党和祖国那样。椰子树的这种精神，不正象征着我国人民为了灿烂的明天，生命不息、战斗不止的高尚精神吗！

26. 春雨赞

春雨无私地滋润着大地，敬爱的老师——辛勤的园丁，不正是像春雨那样浇灌着祖国花朵吗？晚上，为我们备课，批改作业；课堂上，给我们传授知识；课余和我们谈心，教给我们做人的道理，像扫帚一样扫去我们心灵上的灰尘，努力把我们抚育成祖国的栋梁之才。

27. 小草赞

有人讥笑小草软弱无能，但是，它们可曾想到，在崇山峻岭、深山峡谷、乱石丛、荒坡沙地之中，只要春风一吹，不是都长满了嫩绿的小草吗？它从不以此炫耀自己，你瞧，它低着头，恋恋不舍地望着生育它、养育它的大地母亲。它和土地的感情是多么深厚！

28. 紫罗兰

紫罗兰虽然不像牡丹那样娇美，也没有君子兰那样名贵，但我却很喜欢它。因为它有很强的生命力，只要把它的茎插在潮湿的土壤里，就能生根长大。后来，我把这盆紫罗兰带到学校，为的是让更多的同学观赏它、爱它。它白天陪伴我们上课，在课堂上像哨兵一样保卫我们的教室。

29. 樱花赞

樱花的气味多香，这香里还有一股一股清新的气息，我深深地吸着、吸着。有些花瓣飘飘悠悠地落下来，仿佛粉蝶在翩翩起舞。一位年轻的阿姨捡起几片，用手轻轻抚摸着。樱花，是中日友好的象征。我爱樱花，愿樱花永开不败！我爱樱花，愿中日友谊长存！

30. 绿叶赞

绿叶，它没有秀丽的容貌和醉人的芳香，但它有着高尚的情操，它把自己的一切完全奉献给花儿、果实。当人们赞美花的鲜艳和果实的丰硕时，谁也没有谈到那默默无闻的绿叶。然而，我却爱绿叶。如果没有绿叶，就进行不了光合作用，植物将无法生存；如果没有绿叶的陪衬，花儿、果实能现出如此的风姿吗？

31. 小草

一天，蔚蓝的天空像刚洗过的一样，不沾一丝云彩。骤然间，阴云密布，只一会儿，豆大的雨点伴着狂风劈头盖脸地砸下来，眼前雨蒙蒙……风雨过后，我赶过去看小草。果然，不出所料，小草已经奄奄一息了。我喃喃自语："我说你不坚强吧。"可太阳刚一出来，它就又顽强地挺直了腰杆儿，尽管脸上还挂着晶莹的泪珠呢！它们好像在自豪地对我说："你瞧，怎么样？"这不由得引起了我的感叹："疾风知劲草。"小草是当之无愧的。

32. 高尚的梅

漫步在梅林中，暖暖的春风轻轻拂面，淡淡的清香，阵阵扑来，令人心旷神怡。望着梅花，我想得很远很远。梅花在风雪严寒中蕴育着美，用鲜花和清香迎来明媚的春天，等到百花争艳的时候，它却又悄悄地脱下锦袍，长起绿叶，为将来报春做准备。多么高尚的梅啊！

33. 牵牛花的精神

牵牛花啊牵牛花，多么平淡的名字，多么平凡的小花，你的精神又是多么的可爱。我爱你，我喜欢你，我赞美你！你那坚强的毅力，奋力向上攀登的崇高品格，给我巨大的鼓舞、鞭策和力量。

34．无私的茉莉花

茉莉花，你美丽，你纯洁，你温柔，你坚强。

我亦愿化作一朵小小的、洁白的茉莉花，无私地将自己的一份芳香、一份清甜，毫无保留地送给人类，换来大家的欢笑、欣慰、满足。

35．我的小花伞

小花伞是我的好朋友。平时，它默默无闻，静静地挂在墙上；但是，当我需要它的帮助时，它做出了巨大的牺牲。现在，经过无数次风霜雪雨的侵袭，小花伞的布，就不如当初那样洁白了，小花伞的花，也没有过去那样鲜艳了。但是，我还像四年前那样喜欢它，爱护它。

36．根的本质

根，是那样默默无闻，但根的本质是做人的标准，学根的一切，是要付出代价的。因为，根太平凡了，太不惹人注意了，它还有许多品质等待人们去挖掘。根多么伟大啊！

37．无私地奉献

书包啊书包，你默默无闻，伴随着我们一家上学读书获取知识。当我们有成绩的时候，你从不争功，从不炫耀自己；你只是无私地奉献，奉献。

书包啊书包，你虽然破旧了，你虽然土里土气，不太时髦，但你是我们家的大功臣！

38. 我爱月季花

我爱月季花，不仅爱它外观的美，而且也爱它内在的美。它有无私奉献的精神。月季花，不管是在家庭里、在公园里，还是在街道两旁、楼群间的空地上，我们都能看到它的身影。它为绿化美化人们的生活和环境，为促进人们的身心健康无私地奉献了一生。

我爱月季花，是因为她点缀和美化了勤劳的家乡人民的生活；我爱月季花，更是因为她无私地把令人心醉的芬芳奉献给每一个热爱生活和大自然的人们！

39. 指甲花

到了夏末，指甲花结了籽，我惆怅了。但是没过几天，有些种子炸开后，就弹射到它的周围。它的"子女花"又从花枝的底部慢慢发芽、成长、竞相开放，这样周而复始，一直开到秋末。第二年春天，它们经受了严冬的考验，又会发芽——开花——结籽。

娇艳名贵的花，要经过人们精心培植，才能开出灿烂的花朵，而指甲花却不要人的恩赐，自己能在艰苦的环境中顽强地生长，一年间一次又一次地为人们献出美化生活的花朵，它这种自强不息默默献身的精神，是多么令人钦佩啊！

我爱香渗泥土的指甲花！

40. 油菜花的奉献精神

油菜花不仅用金黄的颜色妆扮着大地，还热情地欢迎蜜蜂在它身上采蜜。它鲜嫩的时候，浑身都能供人们食用。等到它长老了，就结出饱满的油菜籽。油菜籽可以用来榨油，是家乡人们常用的一种食物油，它具有一股独特的香味。油菜花就这样把自己的一切无私地奉献给人们。

41．芦苇精神

芦苇土生土长，对土壤的要求很低，一年栽种，多年生长。只要有水，它就能生长，而且越长越茂盛。它一生无所需求，默默地向人们贡献自己，从根到枝，从枝到花。我喜爱它朴素，我喜爱它顽强，我觉得做人不正需要有点芦苇的精神吗？

42．短暂而辉煌的一生

千百年来，人们颂扬翠竹的高风亮节、春笋的青春活力，但是笋衣舍己为人、无私奉献、短暂而又辉煌的一生，却是少有人记起，这是多么不公平呀！由此，我联想到刘胡兰、雷锋、赖宁等英雄人物，他们为革命为人民贡献青春，牺牲生命，然而他们不也如笋衣一样，已经或正被一些人遗忘吗？

43．无私的喇叭花

我爱喇叭花，因为它无私，你看，正当它开得艳丽的时候，却乐意让人摘下来挤出浆汁，涂在指甲上，它染红了指甲，但牺牲了自己。因为我爱花，所以我爱种花。喇叭花那种美丽的花朵，给人们带来了美和乐趣。

44. 蜡烛赞

蜡烛在燃烧时，蜡油滴滴，火苗闪闪，消耗着自己，无声无息地把光明送给人间，直到生命的最后一息。这是何等高贵的献身精神！唐朝有一位诗人曾写道：春蚕到死丝方尽，蜡炬成灰泪始干，这不正是赞美蜡烛这种无私献身精神吗？

45. 坚韧不拔的水仙花

水仙花生长在冬季，它不管天气怎样寒冷，依然枝繁叶盛，生机盎然。它傲立于山石之上，仿佛在与寒冷搏斗。它是那样坚韧不拔，让人更加心爱它了。水仙长得多美啊，怎能不使我心爱它，由衷地赞美它呢！

46. 冬青树

冬青树，你在路边吸收灰尘，绿化了环境；你在花园边围成一道墙，保护了花朵；你在校园和公园里，给人们带来"绿"的气息……你对人们无所求，无私奉献。社会上有多少像冬青树这样的人啊！他们一生默默无闻，无论春、夏、秋、冬，都坚守在自己的岗位上，为社会的进步做出无私的贡献！

47. 丝瓜

看着丝瓜，我不由得想起了在平凡岗位上做出显著成绩的人们：满脸皱纹挑重物的老头、头戴安全帽、满身油污的工人、驻守在祖国边防的解放军叔叔、不分昼夜工作着的科学家、为学生操碎心而鬓发染白的人民教师……他们不是也和丝瓜一样，对别人要求的甚少，给人的甚多吗！

48. 蚂蚁赞

啊！我的了不起的蚂蚁，我要用华丽的语言来赞美你，赞美你那英勇顽强的精神，努力奋斗的崇高品德！我将来也要像达尔文那样去研究你们。

49. 红薯赞

红薯浑身都是宝。用它的精华可以做成粉条、淀粉，可以做成酒，剩下来的还可以喂猪。红薯的秧蔓，是牲畜的好饲料。它从头到脚都贡献给了人类。而红薯总是默默地生，默默地长，它心甘情愿地为人们服务，从不与那些高级食品竞争，去登大雅之堂。

我爱吃家乡的红薯，我更爱红薯那高尚的精神。

50. 绿叶的品格

绿叶，看上去是那么渺小，但品格是那么高大，它没有任何私心，活着只是为了别人。在我们社会主义国家里，绿叶的品格到处可见，朱伯儒、张海迪……不是都在平凡的岗位上做出了不平凡的事迹吗？绿叶的品格多么美好，多么崇高！

51． 自我牺牲的品德

桉树，要求于人的甚少，给予人的却甚多。它牢固地深深地扎根于大地，既不需要谁来灌溉，也不需要谁来施肥，更不需要谁来赞美。当人们需要它的时候，它会挺身而出，做房梁，兴建如花似锦的家园；做火把，粉身碎骨，照亮人们前进的道路。自我牺牲是它天然的品德！

52． 平凡的竺葵

看着这株艳丽的天竺葵，想到它的习性，我不禁羡慕起它来。尽管比艳丽的颜色，它不如牡丹；比醉人的芳香，它又不如茉莉，但是天竺葵有着顽强的生命力。只要你把它种在泥土里，它就能长叶开花，给人以美的享受。听妈妈说，天竺葵还可以作药，当你需要它时，它就会献出全身为你解毒治伤。所以，我深深地爱上它——平凡的天竺葵。

53． 海蓬花

礁丛中没有沃土，山崖下很少阳光，海蓬花生长的环境恶劣。它长年伴随着海水海浪"倔强"地成长。带着腥气的海风吹来，它那碧绿的叶子不因风吹而坠，且更加茂盛秀气；凶猛的海浪打来，它那鲜艳的花朵不因浪打而凋谢，且更美丽动人。即使山崖上偶尔滚落下一块石头压在它身上，它也决不屈服，决不气馁，只是顽强不屈地拼搏，或掀翻石头，或曲曲折折地挺出地面来。

54. 石头颂

我爱石头多姿的形态，但更爱石头的精神。垒石做阶梯，使人们攀上高处；凿石铺大路，填平人们前进中的坎坷；砌石造房屋，为人们挡住了风和酷暑严寒。默默无闻的石头对世界无所求，奉献给世界的却那么多，它饱经了风吹雨打，但始终不屈服，我爱朴质而坚强的石头！

55. 竹子赞

大地上，许多地方都可以看到它那翠绿的身影。它虽然身材修长，却不像垂柳那样纤弱。一阵风吹来，垂柳就会俯下身子，枝条无力地摆动着，而竹，即使狂风暴雨来临，它还是像勇士一样挺立，任凭乌云翻滚，任凭电闪雷鸣。它的根深深扎在泥土里，一阵倾盆大雨过后，它反而显得更加苍翠，更加生机蓬勃。因为它坚强无畏，所以人们都爱它。

竹，它又是那样无私。它不像野藤，攀附着树木生长，自己长高了，却把树木活活缠死。它长成后，我们把它砍下来编成竹椅，坐着消除疲劳，它毫无怨言。它的叶子，被人们摘来做治病的良药，甚至它的子孙——笋子，被人们拿来当作美味吃掉，它还是毫无怨言。只要对别人有用，它就毫无保留地贡献出自己的一切。

56. 青松，不图虚名

青松，它不图虚名，不求华表。它外表寻常、普通、平凡，它表皮粗糙，针叶尖锐，但英雄的魂魄、刚毅的性格、倔强的意志，却深深地埋藏在它体格中。

青松，它粗犷豪放，喜搏击风暴，爱迎冰斗霜。

青松，不但无畏，而且无私。人们只要把它的种子放进土里，它就会茁壮成长起来。它不需要人们的精心护理，也不需要大量的优质肥料，只需要大自然那少得可怜的"恩赐"。而它却把自己的一切，无私地全部贡献给人类。它粗壮的身躯，献给人们以栋梁；它的粗枝，给人们做桌椅门窗……

57. 我爱月月红

我爱月月红，不仅是因为她浓香扑鼻，妍妍动人，更主要的是她年年月月盛开不败。不管是寒风凛冽的严冬，还是烈日炎炎的盛夏；不管是风和日丽的早春，还是金风萧瑟的深秋，她总是迎风怒放，从不凋零。不论是在人烟稀少的山区，还是在繁华喧闹的城市；不论在险峻陡峭的绝壁上，还是在精巧玲珑的花盆里，她到处都可以扎根、开花。

58. 高洁的玉兰

我爱玉兰，爱她纯洁高雅，弃妖冶之色，去轻佻之态，无意与群芳争艳，不惹蜂蝶狂舞。她不选择温暖舒适的暮春中吐艳，却在冷雨中挺立，在寒风中怒放。无论高缀枝头，还是飘落在地，始终保持着一尘不染的品质，即使埋入泥土，也是一片芳心，洁白无瑕。她以自身的形象，启示人们制定生活的准则。

59. 种子的奉献

我爱种子，爱它的无私、谦逊，更爱它所蕴藏的无限生机。

你看，它生活在平凡的土层，通过自身的营养，借助土的温度和水分，扎下幼芽，把自己的生命力赋予幼苗。它心甘情愿地在地下工作，从不打算跑到地上，攀上高枝炫耀自己。

克雷洛夫说过："出头露面的人是有福的。知道世人一定在瞧着他必将完成的事业，他从头到底干得挺有劲儿。然而这样的人更值得尊敬：他默默无闻地躲在暗地里，在漫长的辛苦的日子里无酬地劳动——他的工作对大众是有益的。"是的，种子不正是这样吗？

60. 花的深情

对养花种草来说我是门外汉。台湾竹特点是否像于婶所说的那样，我没作考证。可她的话却使我这个爱联想的人有些愕然了。我想："一盆无情无感的花草，竟能在母体中蕴含着深挚的骨肉情。可人呢？人又有知又有感，但骨与肉……台湾……大陆……"我遐想起来。是的，台湾竹没有牡丹的盛名，没有君子兰的身价，可它生得情深，长得高洁，它的特点是使人珍视人间的骨肉情。

61. 赞夏叶

盛夏，你以盎然生机赋予夏生命和风采，你不回避烈日的灼热默默地进行着光合作用，把制造的养料毫无保留地输送给花和果实，使花更艳丽，果实更甜美！

你的身体片片相依，形成婆娑的树冠，一任骄阳似火，为人们织了绿荫一片，而自己却甘受骄阳的炙烤。

62. 青苔礼赞

青苔不会开花，甚至一朵小小的花；青苔不会结果，甚至一颗小小的果，它几乎被人们忘却了。但它自己并未轻视自己的力量，它默默地、执著地奋斗着，用自己整个绿色的生命渲染着块块岩石，除了青苔，又有谁能留下生命的颜色，开拓出茵茵的"绿洲"？

63. 苔藓咏

苔藓，竟是这样一种很不起眼的绿色小生命：它不羡慕云杉的挺拔高大，也没有花儿那样的清香阵阵。它只是一片矮矮的小生命，成千上万挤挤挨挨地生长在一起，默默无闻地点缀着大地。它在阴暗潮湿的角落，甚至在人迹稀少的冰雪极地，也照样顽强地生长。

苔藓是那么微小，甚至难以区分它们的茎和叶呢！这种植物虽然不开花结果，但是它那种坚韧不拔的生命力却是值得赞扬的。

我爱苔藓，因为它有着坚韧不拔的生命力。

64. 蜡烛颂

望着燃烧的蜡烛，望着跳动的火焰，你是否注意过它那晶莹、洁净、美玉一般的躯体？是否注意过它那桔黄色的火苗？你又可曾想过，这微弱、柔和的一柱光亮、一点温暖，是那燃烧着的蜡烛尽最大的努力在发挥自己的光和热。它毫不保留地燃着，火苗越燃越旺，而蜡烛却越燃越小，小到没有。在它将要熄灭的一刹那，猛地跳动一下，在做了最后一次努力后，终于熄灭了。

"春蚕到死丝方尽，蜡炬成灰泪始干。"蜡烛，从它点燃的那时起，直到生命的最后一息，无时无刻不带给人们以光明，以温暖。

65. 默默工作的钟表

几年来，当人们需要它帮助时，只是看看它的脚步走在哪里，却从来没有计算过它已经走了多少路程，有一次我仔细观察计算过它已经走了多少路程，发现一昼夜小闹钟的时针转动两圈，分针转动24圈，小小的秒针竟转动了1440圈！这只是一天的工作量，那么，它一年、两年、三年……走过的路程有多少呢？尽管它工作这么重，它却从不叫苦，从不讲条件，也不骄傲，每时每刻仍旧不知疲倦地、默默地工作着，为了方便人们生活和工作，奉献着自己的精力。

66. 蒲公英礼赞

我小心翼翼地摘下一枝，生怕它被风吹走，轻轻地、慢慢地举到眼前：那无数个"小飞行员"组成的空间是这样的洁白明快，但我却似乎看到了一个五彩缤纷的世界，因为每粒种子都有一个美得耀眼的未来；它们的身体极轻，但我却感到了它们沉甸甸的分量，因为每颗种子里都藏着一个大得惊人的梦想……我用力一吹，种子们撑着小伞欢乐地张开理想的翅膀飞走了，它们雄心勃勃地飞向需要它们的各个地方。这时，我感到，蒲公英的花是美的，但种子比花更美——它们都有一个看似平凡却极为远大的理想：翻山越岭，漂洋过海，到需要自己的地方去安家落户，生根开花。

67. 钢轨颂

钢轨是坚强的，千钧的力压在它身上，它挺胸，纹丝不动。

它是无私的。它用双臂，接送着生命垂危的病人；用胸膛，为战士、科学家铺平前进的路；用生命，换来了祖国面貌的日新月异。

它又是坚韧的、谦逊的，风刮、雨淋、日晒、水冲、雪压……它从不怨天尤人。大红花挂在火车头上，它笑了，目光是亮闪闪的，比火车头还要高兴。

我多么想成为钢轨，在祖国的大地上躺着，让繁荣和幸福在我身上飞过，飞向祖国的天南地北，飞到祖国的穷乡僻壤去，一刻也不停。

68. 煤的精神

谁没有见过煤？谁不需要煤？然则很少有人赞美煤。

它，乌黑的脸，乌黑的衣服，乌黑的身子。有的像沙土散落粗糙，有的像石头有棱有角。它没有白玉那么洁白光滑，也没有黄金那么耀眼而晶莹，也许有人说它不美，如果美是专指洁白而艳丽，那么煤的确算不上世上的宝物，可是它质朴、严肃、忠厚、顽强，也不缺少热情，更不用说它的献身精神。

69. 沙漠之舟

骆驼，是戈壁滩上不可缺少的交通工具。人们在长时间的沙漠旅行中，只要事先喂饱它，让它喝足水，以后，它就不管道路多么漫长，行程多么艰苦，都不会畏缩，更不会停止不前，总是默默地驮着旅客、物品，坚定地朝着目的地走去，直到生命的最后一息。

骆驼，永远尽力为人们服务，而自己却要求很少。它驮着人们行走在几千里渺无人烟的大沙漠中，还可以承担一部分猎狗的责任，当主人面临险境的时候，它首先发了警报。当人们饮水有困难的时候，它决不会向主人乞求一口，直到它的体力完全耗尽，突起的驼峰平瘪下去，才默默地无声地趴倒下去，再也起不来了。

70. 小蜜蜂

是啊，蜜蜂真是值得我们效仿，这小生灵春天里的辛勤劳动，不正启发我们要珍惜青少年的黄金时代吗？蜜蜂不分地点，哪里有花就在哪里采蜜，不正启发我们要努力学好各种知识吗？蜜蜂采集各色各样的花，然后酿出最香最甜的蜜，不就是永远启发我们要把所学的知识消化吸收，获得累累的硕果吗？从这平凡的普通的蜜蜂身上，我懂得了许多许多。

71. 辛勤的园丁，赞美你

"自从踏进学校的门槛，我们就生活在老师的身边，从一个爱哭的孩子，变成了一个有知识的少年。"每当我听到这首歌，我就特别激动，老师给了我们知识，给了我们力量，难道我们不应该歌唱他们吗？应该！他们，是当之无愧的人类灵魂的工程师；他们，是名副其实的园丁；他们，是最应该受到尊重的人……让我们衷心地赞美他们吧！老师——辛勤的园丁！

72. 青春的步伐

整幢教学大楼里，书声朗朗，抑扬顿挫，这节奏仿佛是一种步伐，一种青春的步伐，一种与时间赛跑的步伐。到那边去看看吧，啊，是一间静悄悄的教室，个个都在埋头做作业，那"唰唰唰"的书写声，似乎有百川汇海之势。它不就是那脚步声吗？它似乎在说："我们怎么能落在时间之后呢？"

第三章

直抒胸臆好段

1. 同学

抒 怀

青春的宝贵时光正在悄悄地流逝，容不得徘徊，容不得空想！朋友，赶快开始你的追求吧！

生活赠予我们一件普通而珍贵的礼品，这就是青春。让我们以热情、奋发去向生活回礼！

岁月不能留住，但青春、友谊和爱情，只要你珍惜它们，它们就永远会伴随着你。

青春的善意和激情，像泉水一样，喷涌不息。朋友，请留下青春的语、青春的诗、青春的画，在人生的记录上，写下永远令人难忘的一页。

立志、勤学、追求、创新，这些都是美妙的音符，把它们和谐地组合起来，就能谱写一支青春之歌。

抛却困惑和彷徨，拾起生活的信念，把追求和爱凝聚成巨大的力量，冲向希望的明天。

树起理想的桅，扬起信仰的帆，把好前进的舵，划起自强的桨——启航吧，青春的船！

神话一般的童年世界虽然远远地离开了，然而，正在拥抱你的是更为丰富、更为伟大的现实人生。

哪怕是狂风暴雨，哪怕是惊涛骇浪，这正是我所希冀的生活——宁可在酣战中显出我的胆怯，宁可在伟大中暴露我的渺小！

当火一般的热情在血流中奔腾的时候，啊，朋友，莫要惊慌！这就是生命的召唤、青春的脚步、爱的征兆……

青春像一只银铃，系在我们的心坎上，只有不停地奔跑，它才会发出悦耳的声响。

我们的青春为何这般朝气蓬勃？我们的生活为何这般龙腾虎跃？——啊！因为我们青春和生活的每一瞬间，都为着希望和奇迹而存在！

青春时代犹如一个短暂的美梦，当你再醒来时，它早已消失得无影无踪了。正是，"百川东到海，何时复西归"；"花有重开日，人无两度春"啊。请珍爱宝贵的青春吧。千秋盛业，当趁青春早为。

带着稚气，带着惊异，带着迷惑，带着理想，带着自信……我们一起迎接人生最美好的青春时光。

青春年华是个美好的回忆，青春色彩正标志着春天的美丽，每当我捕捉如诗的风景，总是难于摸透大自然的脾气，让我们涂抹青春，展示春天的秘密。

看啊！那希望的山岗，多么美丽，多么葱郁，让我们舒展生命的羽翼，抖动青春的翅膀，向那巍峨的山峰飞去！

多想拽住这冉冉升起的太阳，就这样永远拥有绚丽；多想挽住这迷人的春光，就这样永远吸吮芬芳；多想留住天真的年华，就这样永远弹奏醉心的晨曲。

画一个青春的圆，镶一片七彩的昙花，携一串欢愉的歌，让我们的生活多彩丰富又真诚美好！

春天是美的，色彩绚烂；春天是动的，彩羽翩翩。你正值春天一般的年华，快展开理想的彩翼起飞吧！

青春，是一个人的生命聚光点。青春的调色板上，应该涂满汗水和心血；青春的旋律，不光委婉动听，而且应该刚劲有力。

青春的阳光，照亮了我们追求的方向，让我们认准目标，展翅奋飞，为给未来增添一片美丽的华光而努力！

从东升的太阳中寻找节奏，从葱绿的森林中寻找色彩，从洪亮的鸡鸣中寻找韵律——这是青春的颂歌。

情　谊

这张纸，实在小，哪里够我尽情抒写；这张纸，又实在大，多少美好的情谊都留在上面……

我的日子因你而璀璨，我的心因你而辽阔，我的感情因你而充实，

44

我的生活因你而美满。

高尚的心灵是流淌的音乐。你的乐声使我纯净，催我奋发。我愿在跳动的音符中不息地奋斗、前进。

你是真诚的，而真诚是人的无价之宝，它比任何财富都珍贵。

你给我留下了一个梦，尽管神秘，却也甜蜜。我睁开眼睛，面前是一个彩色的黎明。

梦是窗子，从里面望见了未来，用我们灵魂的眼睛！

我爱慕你俊秀的容颜，更崇敬你纯洁的品性。表里如一的美，是最完善的美。

我们的友谊大厦建筑在真诚的基础之上，它经得起狂风暴雨，它挡得住洪水激流。

感情的某些片断，其实并不比精心设计的小说情节逊色。

近在咫尺有时也难碰见，纵在天涯海角亦能相聚——结识你，真是天赐良缘。

你刹那间不经意的馈赠，像秋夜的流星，在我的身心深处着了火。

用真诚换取真诚：用心说话，我以心来回应；朋友，用你的心来听吧！

站在檀木旁边，能闻到清幽的香味；我与你相处，感到愉快、亲切。愿我俩永远合作在一起！

黎明前，你是我的空气；月落时，你是我的影子。到湖边采花，与你的目光在水中相遇；到郊外去踏青，重叠了你的足迹。

也是夏日，也是黄昏，在铺满碎石的湖畔曾经与你走过一程小径，心跳比蝉声更烈，宁静的湖水录有我怯怯的足音。

我愿自己变成夜空里的一颗小星，每天晚上挂在你的窗前；我也希望你成为一颗小星缀在夜空里，每天晚上，我一抬头就能看见你。

静静的树林，深藏着一对身影。轻轻的春风，传送给你这一份记忆和一片深情。

我们曾联床西窗，浇灌手足情谊，从花香弥漫的春夜，到风萧虫唧的秋日，漾溢欢乐，充满情趣。愿我们永远怀念往昔佳日，让友谊之树常青。

夹在书中的枫叶，已经枯黄；而友谊之花，却在我们心中长久地开放，散发着幽幽的清香。

同窗数载的深厚情谊，在你我心中留下了永驻的温馨。

假如没有帆，船怎么航行？假如没有友谊，人生路上会寸步难行！

在我孤寂忧伤的时候，你默默地给我慰藉、温暖，使我振作。我将把这一切视为最可贵的馈赠、最宝贵的财富。

独学而无友，则孤陋而寡闻。今得与君同窗，如切如磋，如琢如磨，其乐无穷。

在友谊面前，人与人之间，犹如星与星之间，不是彼此妨碍，而是互相照耀。

我们的友谊像块晶莹的宝石。多少年来，你我用心血来洗濯它，用真诚来雕琢它，用智慧来修饰它。看！它玲珑剔透、光彩奕奕，它的价值无与伦比。愿你我更珍惜它。

我爱红叶，摘一片送给你；你就像红叶，火红的青春，美得鲜艳。

赞　扬

我钦佩那兀立在海边的岩石，它勇敢地迎接海浪的冲刷。朋友，你就是那岩石，几经生活浪潮的打击，始终如此坦然，如此挺拔！

你高兴时大笑，你悲痛时恸哭。我都喜欢，喜欢你像一块白玉，毫不掩饰，坦诚率直。

像一片河畔的草原，像一层江上的薄雾，像一场春天的细雨，像一道绚丽的彩虹——啊！你心弦上弹出的琴音，是这般醉人……

你生就的一种娴雅的气质和诱人的魅力，使得你在认识你的人们的心里永久存在。

你是莲蓬下的藕——从不炫耀自己，在你朴素的外表里面，是白玉一般洁白无瑕的心地……

"此曲只应天上有，人间哪得几回闻?"你的歌儿，发自内心，声情兼美，动人心弦。

同你心胸相比，一座高山只是一方界碑，一堆雪浪只是一块碎玉，一弯新月只是一个耳坠，万树鲜花只是一朵蓓蕾。你的心胸无比宽广……

在贫瘠的山巅，我看到青松傲然屹立，就想起你：你在荒无人迹的山区，长年累月，默默工作。你的精神，犹如松柏长青。

太阳不语，自是一种光辉；高山不语，自是一种巍峨；蓝天不语，自是一种高远；大地不语，自是一种广博——你爱凝思，你爱沉默，自是一种风度，自是一种气质。

最动人是你那纯净、明亮、炽热的眼睛，恰似一泓清泉，源自心灵深处。这清泉没有名利的喧嚣，没有世俗的污染，有的是对美好生活的热爱与奔流入海的向往。

你给我的最珍贵的礼品——真诚的友情，在我生活的银河中，犹如一颗明亮的星星。

你的眼睛是星星，总是在我的夜空里悬挂着，忽闪忽闪，像飘渺的歌声，依稀的花香……

你撑住了我倾斜的生活的船舷，泱泱碧水任我复苏的灵魂游弋，向前，向前……

你如一艘勇敢的船，逆流而上，在汹涌的浪涛中始终把握着前进的航向。

你的生命是一团火，发着光和热；你的生命是常流的水，奔放不息。

你用才智和学识取得今天的收获，又以明智和果断接受明天的挑战。朋友，我敬佩你的一往无前。

总这样地喷，总也是这样地流；喷的是晶莹的渴望，流的是不息的追求。啊，你有美好的青春之泉，永远值得我羡慕！

你是崖畔青松，有风雨就有怒号；你是深山流水，有不平就有歌吟。你的正直、善良、淳朴和刚毅，在我心灵的铁砧上迸出耀眼火花。

你是默默无声地潜入海底去探寻宝藏的采珠者。我赞赏你的精神，讴歌你的作风，并预祝你成功！

你从不回避大山的沉重，你从不鄙视水潭的浅陋，像岩石那样坚定，你把风暴当作前进的动力，你是我学习和生活中真正的友人。

自爱，使你端庄；自尊，使你高雅；自立，使你自由；自强，使你奋发；自信，使你坚定……这一切将使你在成功的道路上遥遥领先！

一个懂得生活的人，能领悟到花的娇艳；懂得友爱的人，能领悟到他人心中的芬芳——我指的就是你呀，我的友人！

一个人，最可怜的是无知，最可悲的是自私，最可笑的是狂妄，最可敬的是拼搏；你和无知无缘，你摒弃了自私，你白眼对狂妄，你有的是拼搏。我可敬的人！

你像山崖边的青松、冰山上的雪莲、风雨中的雄鹰；你顽强、勇敢，用生命的强音谱写一曲青春之歌。

你踏踏实实，宛如田野上的一头耕牛；你正直坚贞，好似山巅上的一棵青松；你敢于搏击，多么像浪尖上的一只白鸥！

你不仅用眼睛看世界，而且还用头脑想世界，于是世界就属于你。我赞美你——生活的主人。

日月悠悠，关山叠叠。一切龙盘虎踞的怪石、险滩，都未能阻止你生命之河的滔滔东去。啊，朋友，你青春的激流，是何等壮丽！

才华冠群，品性出众，你像一颗径寸的宝珠，无论在什么地方，人们都能看到你熠熠的光辉。

你的友情，在我的生活里就像一盏明灯，照亮了我的心灵，使我的生命有了光彩。

共　勉

人是渴望生活的，即使受到最大的打击或挫折，也不要绝望，把你对生活的渴望之火燃烧起来吧！

在进取者眼中，生活就是建功立业。你在人生的征途中兼程而进，迎接你的将是胜利的歌声。

没有风浪，就显示不出帆的威力；没有曲折，就无法品味人生的乐趣。愿你在风浪中奋勇挺进，在崎岖的小路上努力攀登。

挫折并不可怕，可怕的是沉溺于失败和懊丧之中不能自拔。一切都可以重新开始，希望就在前方。

年轻的心，属于青年的你，欢乐、忧愁、洒脱、深沉，你都拥有，好好把握这份年轻，为你年轻的生命高声喝彩。

不要悲哀地回忆过去，它已一去不复返；明智地把握现在，它属于你我；去迎接未知的明天，带着一颗男子汉的心，毫不畏惧。

若说年是卷，月就是页，星期便是它的行，日子是标点。用我们的战斗来创造战斗的年月，我们赋给日子以力量，战斗的青年！

虽然有暴风雨，有荆棘阻碍，但我们千万不要遇暴风雨而退缩，也千万不要遇着荆棘而不前，须知光明之城，在暴风雨之中，荆棘之后呀！

汗水是滋润灵魂的甘露，双手是理想飞翔的翅膀。

朋友，星星不仅在指示黑夜，而且在向我们报告黎明。

我们往往被一些虚设于心的石头所绊倒，而那些横在路上的真正的绊脚石，却都能很自如地踏过去。

愿我们像一条静穆的大河，不管夹岸的青山，平远的田畴，也不管丽日和风，雷电雨雪，只是不舍昼夜，永远向前流去。

愿中国青年摆脱冷气，只是向上走，不必听自暴自弃之流的话，能做事的做事，能发声的发声。有一分热，发一分光。

不要在夕阳下落的时候幻想什么，而要在旭日东升的时候工作，世间最可贵的就是"今"。

涓滴之水终可磨损大石，不是由于它力量强大，而是由于昼夜不舍的滴坠。

不要为已消逝之年华叹息，须正视欲匆匆溜走的时光。

抓住今天吧！紧紧地把它抓住吧！今天的分分秒秒，我们都要有所作为，有所进步，有所登攀！

对真理和知识的追求并为之奋斗，是人的最高品质之一。

天才是百分之一的灵感，百分之九十九的血汗。

对真理的追求比对真理的占有更为可贵。

52

有了攀登时的坚强毅力，才有到达顶峰时的心旷神怡。

学习知识要善于思考、思考、再思考。我就是靠这个学习方法成为科学家的。

攀登，人生就是攀登！让我们背负着命运给予的重载，艰苦跋涉，攀登上一个又一个意识、品德、情操、知识的高峰吧！

科学的永恒性就在于坚持不懈的寻求之中，科学就其容量而言，是永不枯竭的；就其目标而言，是永远不可企及的。

把自己当作砖石吧，与伙伴们一起建造事业的大厦！

在知识的山峰上登得越高，眼前展现的景色就越壮阔。

知识是升天的羽翼，是恐惧的解毒药，人的自主权深藏于知识之中。让我们争分夺秒，好学不倦，努力使自己成为一个学识渊博、眼光远大的人。

正确的道路是这样：吸取你的前辈所做的一切，然后再往前走。

早晨醒来时，问一问自己："我应当做什么？"晚上睡觉前，问一问自己："我做了些什么？"

别指靠将来，不管它多么迷人！让已逝的过去永久埋葬！行动吧——趁着现在的时光。

知识是一匹无私的骏马，谁能驾驭它，它就属于谁。

祝　愿

虽然在无涯的人生旅途上，这前进，只是微小的一步；但用自己的劳苦向前迈进了一程，就便是幸福！

青春的树越长越葱茏，生命的花越长愈艳丽。在你生日的这一天，请接受我对你的深深的祝福。

花儿散播芬芳，友谊传递温暖，让我们在洋溢希望的新的一年里，从不同的起跑点，胜利地抵达下一个新的起跑点。

时间在一分一分地逝去，青春在一天一天地度过，愿你珍惜这一分一秒的青春，去追求，去探索。

你如果是一条船，就勇敢地驶向江心的波涛，到生活的激流里采摘一朵朵浪花。就像从深水里寻捞闪光的宝物，让你的人生更加丰满。

轻轻推开冬季的窗，静看雪花飘起，于是想起给你捎个讯息，你还好吗？真是惦记。祈愿你新年快乐甜蜜。

春天，色彩缤纷的季节，最是撩人思绪，千言万语不知从何说起。愿深深的祝福时时萦绕你，一日复一日，一年又一年。

人生像单程列车，在漫长的岁月轨道上，驶向每一个生日的停靠点，用自己的心赶紧装卸点什么吧，愿你一年四季，365 天，天天都如今日，轻松又充实。

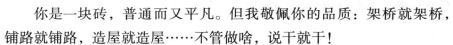

一片绿叶，饱含着它对根的情谊；一句贺词，浓缩了我对你的祝愿。又是一个美好的开始——新年岁首，愿成功和快乐永远伴随着你。

愿你将最初的叹息连同最后的悲泣，一齐丢入生命的熔炉里，铸出黄金的希冀。

大地如此广阔，晨光如此灿烂！谁能不珍惜如此甜蜜的岁月？生活吧——这就是我对你的祝愿！

你不像翡翠那样富丽，却似珍珠般晶莹。你不愿被串成装饰用的项链，却甘愿成为粉末，去强健人们的肌体。

你是一块砖，普通而又平凡。但我敬佩你的品质：架桥就架桥，铺路就铺路，造屋就造屋……不管做啥，说干就干！

大海有博大的胸怀，故能积涓涓细流而形成浩瀚之势。你虚怀若谷，又博采众长，定能拥有无穷的智慧。

你是折了双翅的大雁，仍然渴望着飞翔；你是埋在泥沙中的真金，闪烁着美的灵光。

你像那山间的百合，独自荣枯，无以为憾，盛开时不矜持，衰谢时不悔恨。清雅留芳，归于永恒的春天。

愿你在这喜庆的节日里轻松愉快，弥补这一年内学业的辛劳，祝你新的一年什么都好！

命运总是宠爱勇士的。

从你的言辞中，可以听到美好心灵强烈的搏动，看到理想火花的熠熠闪耀。

最难得的勇气是理想的勇气。

一步一个脚印，你从春天走到秋天，从幼稚走向成熟，流着勤奋的汗水走到了一个金黄的收获领域。

毕 业

我不知道离别的滋味这样凄凉，我不知道说声再见要这么坚强。只有分离，只有分离，让时间去忘记这一份默契。

终于你要走了，说是到很远很远的地方去，去读一本关于很远很远的书。我不惊讶，本该如此。

高尚的理想是人生的指路明灯。有了它，生活就有了方向；有了它，内心就感到充实。迈开坚定的步伐，走向既定的目标吧！同学们！

很快，你就要奔赴新的旅程了，愿你的生活充盈着你那具有感染力的笑声，永远快乐！

尽情地饮干这杯毕业之酒吧！它是生活的甘露！它将给未来注进胜利，它将长留在我们的唇间舌上，留下无尽的回味……

如果我能，我愿将心底的一切都揉进今日的分别。但是我不能啊！

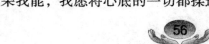

那么，就让我们以沉默分手吧！这是一座火山的沉默，它胜过一切话别！

离别，有点难舍，但不怅然；有点遗憾，但不悲观。因为还有相逢的希望在安慰。

让我们天各一方，默默地回想那流逝的美好时辰。也许我们会重逢，到那时，但愿我们能在岁月的皱褶中，发现一双纯如当初的眼睛。

我们曾是并肩的两棵小树，我们曾是二重唱的两个声音，我们曾是一张课桌上的学友。当我们挥手告别的时候，请接受我深情的祝福。

岁月的车轮即将驶出青春的校园，甚至来不及去想一想，我们就要走向生活的前方。这样匆匆，说些什么？——让我们的心间加固童年时架设起来的桥梁。

让我们潇洒地挥手与昨天告别，唱一曲"我的未来不是梦"。带着美好的回忆和同样美好的希望，走出校园，走入社会。我们会发现：生活，每天都是新的！

花开花落，四年的时间，并不长。此时的我们，又伫立在十字路口，也只有此时的我们，才真正尝到别离的滋味。

教室内静静的、静静的，同学们都默默地坐着。我出神地望着我的课桌。四年了，它陪伴着我度过了日日夜夜。就在这张桌上，做过的题，一道道地增加；读过的书，一本本地变厚。就是这课桌陪我一步步向前迈进。我拿出了抹布，把它擦干净吧！我的挚友、我的良伴说话了，略有些颤抖，是舍不得吗？不，是激动。因为今天在座的每个人的面前都有一张录取通知书。四年来，每当我在学习上有了疑惑时，生活中遇到挫折时，总是你的声音在耳畔响起，疑惑迎刃而解，挫折变成为动力，促使我不断向前。请接受我的一片敬意。

如今我就要离你而去。哦！用振作代替离别的伤感吧。母校啊！祝福我们吧，你的儿女将不会辜负你的期望。

四年来，朝夕相处。一旦分离，才会留恋相聚的日子。只求能把每个人的音容笑貌，尽存脑中，闲暇时可以享受一下这美好的回忆。只求十年后，不要擦肩而过、形同陌人，还能握手回忆一下这段美好的岁月。

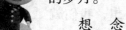
想　念

秋风渐凉，筑巢于檐下的燕子南去了。望着空空的燕巢，我的思绪飘向了远方……

我们在一起的时候，你把笑语送给我；在我们分开的日子里，你把情意寄给我。无论在林间漫步，还是在灯下沉思，你的身影时时都伴陪着我！

迎春花开了，我似乎见到了你的微笑，听到了你的低语，还闻到了你温馨的气息……

你远去了，留下的是密密细雨般的惆怅，还有那浓浓的思念……

我知道，欢乐可以系在新年的丝带上；而现在我却把对你的思念

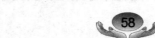

挂在项链上，贴在心窝里。常因流水思今日，常托清风怀故人。盼老同窗在海外学业进步，身心康健！

昨天，在我们的记忆里还是这样清晰——好吧，把它珍藏起来；然后，捎上一份纪念，一片真诚，愿我们拥有一个美好的明天。

扬子江的水，化作富士山头的雪，明如镜，洁似月。你在窗下勤读——朝朝暮暮；它在一旁陪伴——日日夜夜……

我爱冬天的夜，它漫长而又宁静；夜长——梦远，可以同你一起在异国畅游……

当年的豪情与欢欣，像一丛绿草，点缀在我们的生活里，绿草丛中存在着我们的友情，提起来，一片温馨。

我心中有一条铺着淡淡月光的林间小路，它弯弯曲曲时隐时现。它是那样缠绵，那样执著，一直通向你的心房。

我不知道是否应该打开窗棂让小雨飘进屋来，我不知道面对春天的期待，我该付出怎样的爱。

美好的回忆中溶进我深深的祝福，温馨的思念里带去默默的祈祷：多多保重，如愿而归！

航标灯像大海的眼睛，一闪一闪，深情地祝福远航的巨轮，平安驶进岸的港口；航标灯又是我的眼睛，一闪一闪，至诚地祝愿远游的赤子，早早回到祖国的大地。

万水相隔，千山一望无际，我只能寄语白云：祝你找到幸福，盼你早日学成而归！

欣逢新春佳节，遥寄贺卡一片。愿她像朵彩云，飞越万里海洋，送上亲人的情意，送上故土的信息……

像星光闪闪的，是你含笑传情的眼睛。它缀在我的心幕上，夜夜亮晶晶。

星星的家在天宇，灯塔的家在江海。远方的游子呵，你可时常抬头仰望天宇？你可时常极目江海？你可时常把家乡挂怀？

请不要固守你的沉默，不要为等待而等待。愿我爱的帆，能驶进你心的港湾。

联　谊

今天我们课桌前分手，明天我们在人生的路上手挽手。

真诚，就是以心换心，既能真心诚意地去理解别人，又能敞开自己的世界让别人走进来。

有些事是转瞬即逝的，如雨后的虹，天空的流星；有些事却可以是永恒的，像你我的互助，彼此的情谊。

当一个人能遇到一个在诺言、信念、勇敢、忠诚等方面都始终不渝的朋友，就会感到犹如鸟儿飞翔在晴空，鱼儿回到大海，永远不会感到孤独。

朋友之间最可贵的是慷慨的奉送，无论是物质上的，还是精神上的。

人生中，有一种东西最值得珍视，它可以把生疏变成熟悉，把寒冷变成温暖，把漠然变成理解……这就是真挚的友谊。

让我们友谊的轻舟，像箭似的向着灿烂的朝阳前进，真正的知音，不须多言。

伸出你的手，伸出我的手，让我们紧紧相握，把彼此的温情，彼此的心意传递到对方的心窝。

往事如烟，惟情谊难忘。还记得教室里同窗共读，草地上追逐打玩……同学间的友谊多么纯真可爱，愿我们永远牢记。

真正的朋友，是一个灵魂寓于两个身体，两个灵魂只有一个思想，两颗心的跳动是一致的；真诚的友谊是得意时的共享，失意时的分担。

真挚的友谊，给我清新的思想，给我充沛的体力，如那寒冬的炭火和炎阳下的浓荫……

做几件可惊可喜的事，交几个有情有意的朋友，这是最大的幸福。

真挚的友谊之树并非总是色彩缤纷，而像那黄沙中生长的麻黄一样，没有水也蔚然成林、葱葱郁郁。

太阳的脸红了，小草儿绿了，桃李树开花了，迎春花从篱畔露头了，我们的友谊也在春风里萌动了。

岁月的大浪淘尽了泥沙，而把真诚留给了我们。这真诚的友谊胜过美酒、黄金。它永远令人陶醉，永远烨烨闪光！

也许，我所能做的，只是在你无聊时带去一个话题，或是给你一把你独自在雨中期盼的——伞。

你我之所以成为好友，那是因为从你身上，可以看到我；从我的身上，可以找到一个你。

有了朋友，生命才显出它全部的价值；一个人活着是为了朋友；保持自己生命的完整，不受时间侵蚀，也是为了朋友。

毕业那么久了，却并未扯断我的思念。六年里，我们一起学习，一起欢笑……那么亲密无间。虽然分在两处，却割不断彼此之间的感情。还是像过去那样欢乐，因为我还是你的同学，你仍是我的朋友，我们永远相随在一起。

友谊是纽带，连结年轻而滚烫的心；友谊是彩虹，折射青春熠熠的色彩；友谊是食粮，提供生的力量和勇气。

月上中天，凉风习习。翻开我人生的书籍，每一页上都记载着我们的友谊！

青山不改、绿水长流，为了友谊、为了事业、为了理想，我们永远是朋友。

琴声悠扬、鲜花怒放，我们的友谊，似琴声、似鲜花，永远悠长馨香。

日出日落，月圆月缺，总叫人期盼。我期盼一束鲜花的清香，一夕促膝的长谈，一刻相聚的欢愉，一封意外的信件，一次遥远的通话。……好友，我期待着一丝来自于你的喜悦。

我们的生活充满阳光和欢笑，让我们手拉手，一起欢乐地跳吧，世界属于我们。

在飞逝而去的四年学习生活中，我们彼此发现了自己。是车铃便成了一支金黄色的歌。从此世界变得那样渺小，甚至相信，即使在单行道上，我们一刻也不会错过。

我看见你就想笑。寒窗数载，你鼻梁上的眼镜也不断升级。同学们几次郊游，忘情于青山绿水，你却总是画地为牢，隔岸观望。冲出小天地吧，学习之余应有自己五彩缤纷的生活。希望有一天，你能摘下眼镜，与大家一起来畅怀大笑！

时间就这样一点点过去了，是无数地逝去与新生，有形有声有感觉。一分钟的几秒，一年中的几天和一生中的几年，将失去的记住、将得到的握紧、将忘却的怀念、只想把一起走过的日子永远珍藏。

放出一只我心中的风筝，在你的纪念册里。即使我们长久两地分离，也会有不断的长线，沟通我们心底的消息……

碧蓝的天，碧蓝的海，中间嵌一块绿洲，让我享有这份荣幸，与你成为知己。

2. 朋友

感 怀

友谊的种子，深埋于你我的心中，春天一到，就会抽芽，就会开出属于你的，也属于我的花朵。

如果说友谊是一棵长青树，那么浇灌它的必定是出自心田的清泉；如果说友谊是一朵开不败的鲜花，那么，照耀它的必定是心中升起的太阳。

友谊，会使你生命之树常青。在你忧伤的时候，它能给你安慰；在你欢乐的时候，它能使你生活充满光辉。

一个人一旦获得了友谊，困难与痛苦会成倍地缩小，快乐与幸福会成倍地增加。

没有友谊，生命之树就会在时间的涛声中枯萎，心灵之壤就会在季节的变奏里荒芜。

友谊具有最好的大夫的医术和观察力、最好的护士的勤勉谨慎、最好的母亲的柔情和耐心。

友谊，能缝补中伤的缝隙、清除误会的裂痕、跨越时空的阻隔、医治那流血的心房，挖掘善良与慷慨的甘泉。

友谊是火，熔化了人生的冰；友谊是水，灌溉了干渴的禾；友谊是风，吹走了心灵的尘；友谊是雨，滋润了心园的花。

真的友情，是一朵高贵圣洁的鲜花，永远散发淡雅的芬芳；是一朵四季常青的松柏，永远拥有翠绿的青春。

友谊的表达不是用嘴，而是用全部的生命来证实；友谊的接受不是用耳朵，而是用整个心灵去体验。

友情这多姿多彩的花朵永远生长在我们的心园。

友谊不但能使人走出暴风骤雨的感情世界而进入和风细雨的春天，而且能使人摆脱黑暗混乱。

多少笑声都是友谊唤起的，多少眼泪都是友谊揩干的。友谊的港湾温情脉脉，友谊的清风灌满征帆。友谊不是感情的投资，它不需要股息和分红。近肉味的友谊不纯，带酒味的友谊不香！

世上最珍贵的不是财富，而是一份真的情谊。因为财富并不能永久，而知己却是一生难得的相遇。

真诚的友情如冬天里的一股暖流，使寒日充满温馨。请珍藏远方友人的一颗爱心。

真诚的友谊，如花朵般纯真无邪，让人感到无限的温馨与依恋。在这怀念的季节里，朋友，祝你永远平安快乐。

人间行路难，风雨生信心。朋友贵相知，患难见真情。

天空，只有经过暴雨洗涤后才会蔚蓝；人，只有在最痛苦的时候，才会知道什么是甜美。人只有在患难的时候，才知道什么是友谊。

如果没有你的友谊，我的情感世界则将成为一片荒野。无限地思念你，我的朋友！

赞　扬

你说，你爱大海的豪迈，大海的雄伟；我说，你就有大海的性格，大海的神魄。

人生各有所爱。有人爱金钱，有人爱名声，你却爱智慧。在智慧花朵的面前，名利都将黯然失色！

你是一块美丽的彩石，有海的波纹，有珊瑚的美色，阳光下，正闪耀生命的光泽。

朋友，你是一只真正的鹰，在与暴风雨的搏击中接受洗礼！

依旧是这闪闪的红星，依旧是这褪色的军装。雷锋的精神没有褪色，雷锋的思想在你身上又闪闪发光。

你是我理想的人，你的品德、才能、魄力，都堪称是一个大写的"人"。

你像春天里的新叶，沐浴在温暖的阳光下，纯净如一片碧玉。

你的演唱蕴藏着对美好生活的渴望，充满了催人奋进的力量，令人心潮彭湃，热泪盈眶！

像一朵美丽淡雅的小花，虽然生长在荒野、石间，生长在人迹稀少的沙漠之处，然而你仍散发着幽幽的香味，给那儿带来春色和生机。

我赞美深山里的小溪：它越过断崖，穿过草丛，披着彩霞，载着星星，乐悠悠地哼着歌，流呀流呀……它朝着既定的目标前进，又尽情地享受大自然给予的恩赐。

十分赞赏你那犹如镜子的个性：宁愿粉身碎骨，也不歪曲事实真相。

涓涓细流，归入了大海，不见了自己，却永远存在。你默默地奉献，名不见经传，而生命的价值，将与事业永存。

一席广博平和的言辞，予人快乐于欢声笑语中，也常悦我；一个深刻独到的见解，揭人迷惘于昏昏蒙蒙时，也常明我；一颗朴实助人的心灵，解人困扰于亲切温柔里，也常助我；一片多思善解的情怀，在人忧愁于不知不觉间，也常慰我，你真是一身流光溢彩的才华。

十分羡慕你的生活原则：令工作成为一种娱乐，而让娱乐变成一种工作。你真是世间最快乐的人。

对一个真心的朋友,你可以传达你的忧愁、欢悦、恐惧、希望、疑忌、谏净,以及任何压在你心上的事情,犹如一种教学以外的忏悔一样。

从你身上,我感受到力的庄重,闻到创业者身上泥土的气息,看到了人生惊人的创造力。

交 往

这个冬天风雪弥漫,所有的道路都被白色覆盖,你的来信也落满了雪痕。

我知道你的来临,只是泉水路过森林的闪光,可还是想使这个日子获得特殊的意义。

当你静默的时候,你的心仍要倾听他的心;因为在友谊里,不用语言,一切的思想,一切的愿望,一切的希冀,都在无声的欢乐中发生而共享了。

每个人都用明眸获得求知、进取、理解和信任,让我们在友谊的交往中携起手来,共同为自己的这块生活园圃的沃土再添一片新绿!

但愿相忆莫相忘,幽怀几许终难忘,朋友,长久不见路途遥遥,隔不断万里信笺,止不住悠悠思绪,永远留存的是对你的友情。

当你的朋友向你倾吐胸臆的时候,你不要怕说出心中的"否",

也不要瞒住你心中的"可"。

想你该在这暮色渐沉的秋夜，放一只小船，驶向我。尽管我知道，该来的总会来，而不该来的，仅仅一步的距离，也不会来。

我愿把浅薄向你暴露，我愿把弱点让你了解；草木需要阳光，禾苗渴望雨水。忠实的朋友，我盼望你的指点。

我们来到了岸边，信步走着。月光很柔美，给一切罩上了一层乳白色的朦胧。在我眼前，就有两条系在一起的小白船，相互依扶着，在微浪中上下跃动，与四周缩小的粼光一同现出一片晶亮。

笔短而情长，礼轻而意浓，把心中珍藏的一份真挚送到你面前，希望你能明白，更盼望你能珍惜。

像挂在天幕上的那颗星星，带着无限的神秘，啊，朋友，你心中的不灭之火，藏在哪里？

要是你不能立刻找到我，你仍然应保持勇气，在一处错过了，还可到别处去寻觅，我总是在某个地方停留着等你。

寂寞即日起与我无缘，欢乐宣布和我长久握手。我们朝朝暮暮看日出日落，分分秒秒向人生探索。

常常伸出你的手，主动地、真诚地、紧紧地握住另一双手吧，不要总在等待着别人来拥抱你。

　　不要怀疑友情，更不要贬低她的价值，即使发生小小矛盾，这不是友情的裂痕，而是友情生长的时辰。

　　你走的时候，我不送你，来的时候，再大的风雨，我都去接你。

　　请把你的痛苦邮递给我，纯洁的友谊会稀释你的痛苦、你的寂寞。

　　可以从外表的美去评论一朵花，一只蝴蝶，但是，我的朋友，千万别这样去评论一个人。

　　我为你吹奏希望。我用旷野摇曳的山花，用山里奔流的泉水，用传播芳香的春风，编织欢悦的旋律，为你吹奏、吹奏希望！

　　把别人对自己的帮助永远记在心头，将自己对人的帮助从记忆中抹去，只有这样才能乐于奉献，乐于生活。

深　情

　　我把你的名字，用白云写在蓝天上，可是风儿将它吹散；我把你的名字，用浪花绣在大海上，然而海涛将它揉碎；我把你的名字，刻在我的心里，一切都不能使它消失。

　　你像首小诗，像首小夜曲，宁静中传出飘逸的旋律，柔和的音符，为我带来健康和欢乐。

　　你能感觉到在遥远的天边，有一张青春的面孔被抛离的感觉吗？在我的生日里，我不要万金的礼物，只想知道，你将为我唱首什么歌？

我们已经熟悉了，很熟悉了，却还不曾相见。那数不清的信笺，既是倾诉，也是无言。你或许在揣摩我，我也在想象你。让我们走出栅栏，并且相信，真挚的眸子，会比梦幻更斑斓。

距离是一种忧伤的美，离开你，是为了更好地回忆你。我已将所有的日子，编成一本诗集，只期待你的题名。

如果你是孤独的港湾，我就是流浪的水手，即使我走过许多地方，也以你为我的终点站；如果你是流浪的水手，我就是孤独的港湾，虽然你的眼里只有流浪，我也会默默等待你的归航。

在我的心上，你是一篇飘逸怡静的散文，是一幅清雅素淡的图画。

有一句话能点着感情的火，有一句话说出来幸福，这一句话，你为什么不愿说出？我等着，等着你不再缄默……

蓝天碧海总有边，你我之情无止境。将我细细的思念，化作殷殷的祝福，捎给远方的你。

记着今日的笑声，记着这温暖的情谊，记住我真挚的祝福，愿世界上最美好的东西，永远属于你。

我的梦里开满春的花朵，多么想随着春风轻轻飘荡，飞进你的心怀！

在众人目光的倒影中，我们获得了爱的肯定，你说：要天长地久；我说：是永无止境！

真诚地为你祝福，深情地为你祈祷；永远说不忘记，永远说不放弃；不真正离开，也不真正靠近。

心头总是萦绕着一丝牵挂。想把这份心情，寄托圣洁的白云，但她过于单纯；寄托轻柔的风，可她过于轻浮。远方的你可好？

也许是缘，你我相识。别后我以思念织成小舟，满载祝福伴你远航，永远永远……

六月的花海，五彩斑斓，寄托着我对你的祝福。愿它化作七彩的虹，架起那通向彼此心灵的桥梁。

用热情和坦诚铺一条五彩斑斓的路，愿它带着我无限美好的祝愿，悄悄地走进你美丽、甜蜜的梦中。

赠　送

赠你一片红叶，这淡淡的清香寄托着我浓浓的祝福；送你一棵小草，这点点的绿意写满了友谊的篇章。

愿我们的友谊如露珠一样晶莹，如月光一样温馨，愿这小小的礼物，捎去我深挚的友情。

特别精心挑选这张最可爱的卡片，送给一位最最可爱的朋友。祝福你：永远快乐！

一张芬香美丽的贺卡代表我绵绵的思念，愿你分分秒秒都是欢乐的时光。

这张贺卡是纪念我们共同的回忆，共享的欢乐，共有的梦想。特别地祝福你——永远幸福、永远快乐。

一张贺信片，蕴藏着我们的深情，珍藏着我们的回忆，带给你美好的祝福，深深的致意。

我写不好迷倒人的酸文醋字，也不想去凑这个热闹，但你的生日蛋糕就包在我身上！

或许，嵌满星星的天空，是我的包装纸；或许，载满缤纷的彩虹，是我的缎带。朋友，请接受我装满温馨的礼物！

今天是你的生日，哦，好友，真想送你一片贝壳，为你的纯真调皮；也想送你一串风铃，为你的豁达开朗；还想送你一束野菊，为你的善解人意……

不会忘记你的生肖——永远活跃在我心中的小白兔。送给你一颗小白菜，那绿得可爱的叶子上，有我的祝福与希冀！

小小的贺卡，化作最真挚的祝福。犹如冬日里雪花一朵，给你遐想无限；宛若春风中绿叶一片，伴你馨香一路！

一张薄薄的卡片，是一朵轻盈的云。在这不寻常的日子，捎去我遥远的祝福。生日快乐！滴水泉，一滴滴，一串串，像闪光的珍珠链。我真想摘一串，连同我的情和意，一起赠给你。

送你一瓢祝福的心泉，浇灌每一个别后的日子。

鲜花是繁衍的诗意，是内在生命力搏动的象征。

愿温馨甜蜜的感觉浓浓密密地萦绕着你。祝你永远健康、幸福、快乐！

摘一片雪花，把祝福串成洁白的树挂，为你的生日奉献一朵亮丽的心花。

小河岸边，枝摇影飘；庭院深处，嫩绿含娇，剪一束春光相赠，愿你常笑。

愿像那一树枫叶，在晨风中舒开我纯洁的浅碧，在夕阳中燃烧我殷切的灿红，给你的生日。

遥寄一份对远方友人的思念，尤其在这特别的季节。愿摘下彩色的花朵，扣上思念，许下祝福。

一声深深的祝福，一份小小的礼物，给你一个美好的怀念。

青春是友谊的花季，在这繁花似锦的日子里，我的祝福是一朵芬芳的勿忘我。

没有华丽的礼物，只是一串向你祝福的"幸运星"，当它伴随着风的节奏摇曳时，它会说："我们是永远的朋友！"

联　谊

看着你的照片，你的眼睛在说话，传达出内心的脉脉情意，闪烁着温暖、友好、善意、挚诚……愿我们的友谊与日俱增。

世界上没有比友谊更好、更令人愉快的东西了，没有友谊，世界仿佛失去了太阳。

理解自己，理解他人，用理解这凝合剂把心和心连在一起，结成牢不可破的友谊。

愿你在朋友心中撒下真诚的种子，愿我们的友谊绽放出艳丽的花朵。

一生中能遇着一个可以无话不谈的朋友是幸福的。

在智慧提供给整个人生的一切幸福之中，以获得友谊为最重要。

人们歌唱星星，不在于她们晶莹的姿色，而是她们共同组成了灿烂的夜空。

愿我们的友谊像雪球，在纯洁的雪地里越滚越远，越滚越大。

愿我们成为并峙的两座高楼，共同点缀生活的景观。

世间最美好的东西，莫过于有几个头脑和心地都很正直的严正的朋友。

请永远别说再见，别说感谢，别说对不起——这就是我们的友谊。

松柏长在高山上，梅花开在飞雪时，真金炼在炉火内，友谊结在战斗中。

真正的友谊不是一株瓜蔓，会在一夜之间蹿将起来，一天之内枯萎下去。

我们彼此虽然很少相见，而灵魂却时刻在互相呼唤。

让我赠你一枝梦中的百合，它是吉祥的花，寄托着美好的希望。

清清的晨风摇响快乐的铃铛，我的心奏起欢快的乐曲，说声"早安"，向你问好！

互　勉

拥抱生活，创造生活，把握住每一个今天，让我们用全部的热忱，去唤醒明天。

愿希望之火照耀我们共同前进的路，因为希望是生命的灵魂，心灵的灯塔，成功的向导。

从不成熟到成熟之间，就像山路的起点和终点，充满艰辛的跋涉。在这么陌生的路上，有彩色的十字路口，有风雨阻挡的时候，愿我们化为骏马，向成熟的顶峰奔驰。

平平淡淡地度过一生，决不是我们的座右铭，我们思维中有躁动

抒情写作指导

不安的火热信念，我们梦想里有绚丽多彩的壮美图景！

历史，向我们提出挑战；历史，给我们创造机遇，抓住机遇，迎接挑战，我们就走进了现代人的光荣行列。

让我们用现在的脚步，将过去和未来联系起来吧！让我们把人生变成一个科学的梦，然后再把梦变成现实。

幸运和厄运，各有令人难忘之处，不管我们得到的是什么，都不必张狂与沉沦。

请擦去悲伤的泪，让我们相互搀扶着，在事业的崎岖山路上奋然前进，并大声宣告：绝顶并非高不可攀。

虽然远隔重洋，虽然天各一方，但我们的心都跳动着一个相同的旋律，那就是自立、自强！

精美的艺术使人陶醉，秀美的环境使人灵俊，旷美的田野使人心胸开阔，壮美的峦峰使人意气恢弘……让我们都为这大千世界，添上一份美的情意！

人生不是一支“短短的蜡烛”，而是一支由我们暂时拿着的火炬。我们一定要把它燃烧得十分光明灿烂，然后交给下一代人。

我们走上崎岖的小路，虽小而曲折，却是通向明天康庄大道的起点。所以，不要犹豫、不要彷徨，让我们轻轻爽爽大步向前！

77

永远不指望幸运！我们的最高原则是：不论对任何困难都决不屈服！

谁若游戏人生，他就一事无成；谁不能主宰自己，便永远是一个奴隶。

人生之光荣，不在永不失败，而在能屡仆屡起。对每次跌倒而立刻起来，每次坠地反像皮球一样跳得更高的人，是无所谓失败的。

朋友，让我们用自信的笑脸，去迎接人生的挫折，用百倍的勇毅去战胜一切不幸！

如果心是近的，遥远的路也是短的，如果您能使一颗心免于哀伤，您就不虚度此生。

驾着时间的金车奔驰吧！朋友，你的前途阳光灿烂、铺满云锦！

希望就像太阳，当你向着它行进时，你所负担的阴影，就抛在身后了。

只有把抱怨环境的心情化为上进的力量，才是成功的保证。

你没有摘到的只是春天里的一朵花，整个春天还是你的。

别管航道曲折蜿蜒，让生命之舟穿过激流险滩，驶向理想的彼岸。

柔软的沙发，容易使人昏昏欲睡；崎岖的山路，却能使人精神焕发。

逆境中，力挽狂澜使强者更强，随波逐流使弱者更弱。

没有经历过严冬的小草，永远感受不到阳光的温暖。

启　迪

在成功的道路上，寂寞是必经的一站；耐得住寂寞的人，才能顺利地继续向前！

对别人表示关心和善意，比任何礼物都能产生更多的效果，比任何礼物对别人都有更多的实际利益。

没有一个人有权要求别人去做他自己所不做的事。

人生就要迎接挑战。尝试便是一个美好的开始；不去尝试，怎么能够找到新的机会呢？

友谊也像花朵，好好地培养，可以开得心花怒放，可是一旦从根本上破坏了友谊，这朵心上盛开的花，可以立刻萎颓凋谢的。

情谊要用许多行动才能赢得，但会因为一举之差而丢失。

我们结友谊，应当选择那些在危险时能够在我们旁边的人作为同盟。

我深深地理解，跟多少困难进行过斗争，你才得到眼前的成绩。

在追求，斗争和苦干的过程中，我将永远面带微笑站在你的身边。

应当在朋友正是困难的时候给予帮助，不可在事情之后再说闲话。

人的生活，离不开友谊，但要获得真正的友谊并不容易。它需要用忠诚去播种，用热情去灌溉，用原则去培养，用谅解去护理。

不要对一切人都以不信任的眼光看待，但要谨慎而坚定。

对自己不满足，是任何真正有天才的人的根本特征。

不要靠馈赠去获得朋友。你须贡献你诚挚的爱，学会怎样用正当的方法来赢得一个人的心。

幸运所需要的美德是节制，而厄运所需要的美德是坚忍；后者比前者更为难能可贵。

追求，是力量之源；追求，是成功之本。让我们在不断追求中去完善自我，征服自然。

过去属于死神，未来属于你自己。趁未来还属于你自己的时候，抓住它吧！不要伤心懊悔早已过去的事情来糟蹋自己，而要在目前所能做到的事情上努力！

只有恒心可以使你达到目的，只有博学可以使你明辨世事，真理常常藏在事物的深底。

胜利者往往从坚持最后五分钟的时间中得来成功。

不管时代的潮流和社会的风尚怎样，人总可以凭着自己高贵的品质，超脱时代和社会，走自己正确的道路。

最崇高的荣誉不在于永不摔倒，而在于每一次摔倒都能立起。

分　别

秋风清，秋月明。落叶聚还散，寒鸦栖复惊。相思相见知何日，此时此夜难为情。

我的朋友们，我们要暂时分别了；"珍重珍重"的话，我也不再说了——在这欲去未去的夜色里，努力造几颗小星星；虽没有多大光明，也使那早行的人高兴！

我们分别已经很久很久，我把万缕思念藏在心头，今天你回来又要匆匆离去，短短的团聚又要长长分手。

离别，泪水成了留言，你说，这泪可以凝结成珍珠，变成永久的纪念……

真正的友谊决不会因离别而断隔。你的朋友将因离别而加倍地珍惜你的友情。

我还不懂寂寞是什么，我还未感觉恋爱的快乐，今日与你分别，才第一次觉得情感的孤独，才第一次感到失落很多很多。

我任遐思飞上天空，变成一朵云彩，这样，一下子就看到了在天涯海角的你；你只要一抬头，就一定会看见我这朵遐思的云……

若不得不分离，也要好好地说声再见，也要在心里存着感谢，感谢你给了我那一份记忆。

不让时间冲淡爱情的酒，不让距离分开思念的手。我永远、永远不会忘记你。

高山重洋将我们分离，没奈何我只能在回忆中与你重逢，在梦境中与你相遇……

你走来的时候，我的期待在远方；你离去的时候，你就是我梦绕魂牵的期待。

新年的钟声响起，我唱起欢乐的歌；去年此刻，我们曾一起这样唱过。千万里山山水水，隔不断对你的思念，愿歌声永远回荡在你我心间。

颤颤地望着路之尽头，久涸的眼窝又一次被灼人的泪浸润。

人世沧桑，岂能没有分别的痛苦时刻？为了事业，我们让离别的泪尽情飘洒。

在这十字路口，让我们再一次握手，道一声：珍重，朋友。

失去的不一定永远失去，存在的不一定永远存在，人生本来就是这样，有时欢乐，有时悲伤。

人间自有真情在。虽然海天遥隔，但割不断我们之间的深情厚谊，奉上一张精雅的贺卡，愿它带给你一段对往日的甜美回忆。

你远离国门，请带上我赠送的海螺。不论你在何处，只要把海螺贴近耳朵，就会听到我心灵的呼唤和对你的祝福。

我俩相隔千里，彼此心心相连，你牵挂着我，我牵挂着你，让我轻轻说一声："朋友，好想你！"

一声汽笛，跌落在旷野，无限惆怅的孤独，在别离时刻，一齐从心头滋生。

那个花季，我送你离去，小路静静地向前伸展，偶尔也有太阳雨飘起。

别忘记我们的友情，不要问为什么分手，不要问什么时候相逢，莫道人生好似残梦——是冰，总会化去；是雁，总要远行。

你的身影是帆，我的目光是河流，多少次想挽留你，终不能够，我知道人世间难得的是友情，更宝贵的却是自由。

别离的泪水，为记忆的长河增添新的浪花；别离的祝福，为再一次相聚拉开了序幕。

别离太久，思念太深，常常失落于无边的期待；冬夜的灯下，过去的故事，总撩起我无尽的幽思。

掬一捧细雨的轻柔，洒向你心灵的花丛，吻吻那扑闪的睫毛，默默地告别了你，无缘只是生命中的匆匆过客，有缘将成为肝胆相照的知己。

相会再别离，别离再相聚；秋风吹旷野，一期只一会。我珍惜你我的友情，更期待相会的时刻。

尽管是匆匆地相逢，匆匆地离别，但短促的生命历程中我们拥有着永恒，相信今日的友情是明日最好的回忆。

无尽的人海中，我们相聚又分离；但愿我们的友谊冲破时空，随岁月不断增长。

命运让我们相识相知，生活又使我们相分相离，就像月亮和星星，遥远而又永在一起。

挥别的是手臂，更近的是心灵。

分手时说声"再见"，胜过多少肺腑之言。虽然分别了，友谊还在身边，心儿仍相连。"再见"包含着火热的情感，寄托着美好的祝愿。

离别时，希望你能记住我。不要问，善变的世界，明天是否依然如故。

祝　愿

愿你在平凡的岗位上，创出不平凡的业绩，直到实现你远大的理想。

冰封的世界怎么能一夜间解冻复苏，初醒的大地怎么能一夜间繁花似锦？愿你不断积累，祝你有所创造。

十五的月亮，那么明亮，那么皎洁！愿你的生活，也像这良宵美景、美满、幸福！

春天与希望同在，春天与温暖俱来。——啊，朋友，愿你的生活永远是春天！

没有了旋律，就没有了诗歌；没有了色彩，那是怎么样的生活？愿春天赋予你绚丽的色彩、无限的希望、美好的未来。

在这春的节日里，你那盆水仙花一定又盛开了！愿你的生活，也像水仙花一样散发出浓郁的清香，充溢在天地间……

愿我的祝福像悠扬的乐章，在你心里轻柔地响起，借此卡说声问候，希望你过得更好。

花儿装饰着芳园，蝴蝶打扮着鲜花，这一切都是为你。愿你永远是百花园中最美的花。

送给你一缕清香，送给你一束芬芳，送给你一片绿叶，送给你一

85

地春光，这所有的一切，都是我的祝愿。

火一样的热情，泉一样的清纯，诗一样的浪漫，风一样的宜人。祝福你，走入这花一样的季节。

但愿在透明的世界里，我们的心是透亮透亮的，一个美丽辉煌的憧憬，同时在我们的明眸里出现。

我知道你是渴求风暴的帆，依依难舍养育你的海港，但生活的狂涛终要把你托去。我愿是那吹帆的风，伴你浪迹四方……

假如我是太阳，我愿天天高挂天上，温暖寒冷的你，从此——心花怒放。

在这如诗如画的日子里，愿温馨甜蜜的感觉，浓浓绵绵地萦绕着你。

你的热情，温暖了我冰冻的心；你的大胆，鼓起了我爱的热忱；你的关怀，激起了我的感激之情。新年伊始，愿我们透过那爱湖的波光水雾，一起憧憬美好的未来。

请收下我用诗歌编织的花环，这是对生活和爱情甜蜜的赞扬。愿你在明丽的月光之中，闪动着愉悦和欢畅。

愿你们用岩石般坚定的旋律，浪涛澎湃的热情，蓝天深远的想象，去共同书写爱的诗章。

祝君美好，请勿忘我。人生是花，而爱便是花的蜜。愿你的未来，花样美，蜜样甜。

愿灿烂的阳光、青春的活力、秀美的容貌、舒心的微笑永远属于你！

在银白的世界里，那洁白洁白的雪花，是我对你的绵绵思念和祝福。

盼你伸出双手，接受我盈盈的祝福，在你未来的日子里，让幸福之花灿烂芬芳。

愿那飘荡的遐思，缀成多彩的星星，夜夜叩访你温馨的梦。

思　念

思念像一条流不尽的江河，思念像一片温柔的流云，思念像一朵幽香阵阵的鲜花，思念像一曲余音袅袅的箫音。

你可听见，思念的歌，正随着灿烂的阳光飞翔；飞到那遥远的边疆，萦绕在你的身旁。

但愿我们在同一片星空下编织同一份思念。

当你的思念，还蜷缩在信封中时，我的心像只兔子已蹦个不停。

思念的歌从远方飘来，那是你长久的徘徊；思念的信从远方寄来，那是我漫长的等待。

我们彼此遥念，让不尽的相思，凝结成晶莹透明的露珠。

聪颖的梦神，把你带进我的梦中，给了我如此多的快乐，使我感到心满意足。

淅淅沥沥，扯不断的雨丝；绵绵长长，割不断的相思！相思的雨呀，是否也能温柔地洒落在你的发尖，淋洒在你心里？

在细雨纷飞的季节里，在徐徐微风的黑夜里，你可知道，我仍是最思念你的人。

往事是尘封在记忆中的梦，而你是我惟一鲜明的思念，那绿叶上的水珠，是我思念的泪滴。

平安的季节，美好的日子，寄上浓浓的相思，送给你一份美好的祝福。

每当我想起你，就回忆起我俩共同编织过的无数绚丽的梦。我留给你一份寂寞，你留给我一份怀念。

远山藏不住夕阳的光辉，如同我掩不住对你的无限思念深情。

你已经离我很远很远，你的声音却常在我的耳畔，每一个分离的白天与黑夜，在我心头滋生着常绿的思念。

想念你的笑，想念你的外套，想念你的白色袜子，和你身上淡淡烟草的味道。

你的一番真情，我是多么珍惜。相爱不必朝和夕，只要两心相系。但愿你我心心相印，恩爱永存心底。哪一颗星星没有光，哪一朵鲜花没有香，哪一次我的思潮里，没有你爱的温馨。

想起离别的泪珠，安抚我心中的痛处，你留给我最美的祝福，变成我日夜思念的梦土。

我愿，我愿永远生活在梦里，因为梦中，有你的身影。亲爱的，是否？是否我也在你的梦里？

打开卡片，梦从里面走来，黄昏牵来你的眼睛，太阳又扔去我的思念。

你天天在我的思念里，快乐的时光没有尽头；难忘的往事珍藏在心间，温馨的思念却是那么久远！

夜色茫茫照四围，天边新月如钩。桌上寒灯光不明，寄一片纸儿给远方的你，倾诉我满腔沉重的相思之情。

我的心中珍藏着一个秘密，说出来只有四个字——我太想你！

今夜月色如银，多么安谧，多么宁静。亲爱的，你在哪里？何时才能和你共剪西窗烛，欣赏这静夜恬适的美景？

除了对你的思念，亲爱的朋友，我一无所有。然而如果你愿意，我将把我的心，藏在你心底深处。

不尽的思念，如一只断桨的小船，划过我忧伤的心海。

都说那晶莹剔透的露珠，是星星的眼泪，你可知道，那也是我日夜为你流的相思之泪。

长亭中惜别未尽，实际上柳丝已枯，心中也在落雨，却定要写些诗句，送一个明朗的祝福给你，从此，天涯遥遥相逢无日，念你尽在不眠的梦里。

多少个阴雨晴日，像树叶一样飘落了；但你那婉转的歌声，仍在我记忆的小树林里回荡，你那美丽的身影更常常飞入我的梦中，伴我一起追忆往昔岁月的清风、流水、白云和阳光……

你我相识虽然短暂，可是你给我的影响竟是那么深远。永远思念你，我的挚友！

思念比永恒的宇宙要久常，比太空的殿宇还高昂，比幻想之国更加美丽，焦急的心灵——深过海洋。

只要心在跳动，就有血的潮汐，而你的微笑交印在银红色的月亮上，每夜升起在我的小窗前，唤醒记忆。

回忆愉快的往事，怀念欢乐的笑声；天涯海角盼相聚，友人何时重相逢。

我想把怀念之情，和着那赞美的风，交给漂泊的云，送上祝福的信。

让记忆顺着友情的脉络，找回往昔快乐的情景，愿你欢乐在怀、幸福年年。

我们分离了，但你的姿容依旧在我的心坎里保存，有如韶光的依稀幻影，愉悦着我惆怅的心灵。

我叮咛你的，你说不会遗忘；你告诉我的，我也全都珍藏。对于我们来说，记忆是飘不落的——永远不会发黄。

你把花的形象留下，你把花的芬芳留下，你把我们共同浇灌的希望留下。想起你，我的岁月永远鲜艳，永远芳香。让小草的绿意陪伴着你，让灿烂的阳光陪伴着你，伴你踏上征途，并早日获得成功。

不用回忆过去的岁月，不用痴想别后的苦涩，在相聚的时候，我心依然同你心。

再次伫立窗前，却发现岁月匆匆，昔日生动的梦竟如残叶，在心的湖泊中飘零。

回忆中的人生是真实的，人生在回忆中成就了一份完成。

梦被黎明轻轻地摇醒，朦胧中我再说一句多情的悄悄话：晚上再与你相见。

我的心上，永缀着你这颗美丽的明珠，我绝不会向世人炫耀，却可公开我的骄傲。

我心的船儿，正驶入你心的大海，请别怪船载得过重，因为它装着全部的爱。

　　像夜产生梦一样，不知几时，我们之间产生了默许。你的目光，是林梢的暖雨，无声无息地向我渗入，绿了我的荒芜。

　　一切都已黯淡，惟有被你爱的目光镀过金的日子，在记忆深谷里永远闪着光芒。

　　我不知道这树下曾埋下多少人的相思。如果不曾有过，那我即为第一个；如果曾有很多，我的相思也便不会寂寞了。

　　你的脚步，常常低声地响在我的记忆中，悠悠地走进我的心窝里。

　　美丽的相聚如期而至，好似隽永的抒情挂在疲惫的吉他上，往事成了一首悠远的歌，总在有夕阳的日子里浮现。

抚　　慰

　　一个人总要有些拂逆的遭遇才好，不然是会不知不觉地消沉下去的。人，只怕自己倒，别人推不倒。

　　倘若我们擦干眼泪，撇开不幸，就不难发现：磨炼意志最好的帮手往往是自己的敌人。

　　愿我真挚的友情，是你最信得过的医生；愿这位最体贴你的医生，能使你心灵的伤口愈合，感情的痛楚消减，一切都恢复平静……

黄昏可以吞噬光明，但明天又将升起一个全新的太阳。朋友，不必为眼前的幽暗而忧伤。

继于夜之后的一定是白昼。夜来了，白昼必定不远的。继于阴雨之后的，一定是阳光之天。雨来了，太阳必定是已躲在雨云之后的。

逆境总是有的，人生总要搏击。愿你不屈从于命运的安排，坚韧奋斗，锲而不舍，做生活的强者。

我只想在你的理想和希望里，能为你增添一点鼓励；我只想在你生活出现失意和疲惫时，能给你一点儿力量和希望。

要生活得快乐，必须具有能忍受烦闷的能力。大多数伟人的一生中，除了极少的辉煌时刻外，多是平淡无奇的。不能忍受烦闷的一代，会成为无所作为的一代。

一个人光溜溜地到这个世界来，最后光溜溜地离开这个世界而去，彻底想起来，名利都是身外物。

用笑脸来迎接悲惨的厄运，伟大的心胸应该表现出这样的气概：用百倍的勇气来应付一切不幸！

朋友，何必吃惊，如果停留在你头上的，是雷电交加的乌云，那么，雨过天晴，一切又会恢复平静。

过去的事就让它埋葬了罢！为什么还要挖开过去的坟墓？

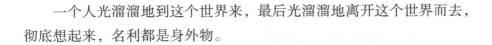

大风虽然能使天空暂时晦暗，却丝毫伤害不了太阳。

寂寞增加郁闷，忙碌铲除烦恼——我的朋友，快乐在不停的工作里！

如果爱情背弃了你，朋友，不要惘然。让生命在坚石上撞出火花，你会获得新的元素：坚韧！

不要怕朋友丢弃了你，你又会有新的朋友。洁白的灵魂，决不会孤立。

时间不会倒流，生活却能够重新开头，莫说失去了很多，我的旅伴我的朋友，明天比昨天更长久！

再长的路都有尽头，千万不要回头；再沮丧的心都有希望，千万不要绝望。

朋友，我们应当永远保持欢乐的心情，在众多喧嚣的音响中，寻找属于自己的主旋律。

相信你能够战胜不幸和挫折，摆脱命运的捉弄，扭转残酷的厄运，做主宰自己命运的人。

3. 老师

仰　慕

您推崇真诚和廉洁，以此视作为人处世的准则。您是我们莘莘学子心目中的楷模。

岁月的白发虽然爬上了您的两鬓，在我看来您却永远年轻，因为，在智慧的大海里，您始终与时代的先行者并驾齐驱。

我崇拜伟人、名人，可是我更急切地把我的敬意和赞美献给一位普通的人——我的老师您。

您用火一般的情感温暖着每一个同学的心房，无数颗心被您牵引激荡，连您的背影也凝聚着滚烫的目光……

老师，刻在木板上的名字未必不朽，刻在石头上的名字亦未必永垂千古，而刻在我们心灵深处的您的名字，将真正永存。

新竹高于旧竹枝，全凭老干为扶持。明年再有新生者，十万龙孙绕凤池。

在我的心目中，您是最严厉的父亲，又是最慈祥的妈妈；您是无名英雄，又是教坛名师。

毫不吝惜地燃烧自己，发出全部的热，全部的光，全部的能量。老师，您像红烛，受人爱戴，令人敬仰！

您的音容笑貌，时时闪现在我的眼前；您的品行人格，永远珍藏在我记忆的深处。

在生活的大海上，老师，您就像高高的航标灯，屹立在辽阔的海面上，时时刻刻为我们指引着前进的航程！

啊，老师——人类灵魂的工程师，惟有这光辉的名字，才有着像大海一样丰富、蓝天一样深湛的内涵！

老师，这个光彩夺目的名称，将像一颗灿烂的明星，永远高悬在我们的胸中。

有人说，师恩如山，因为高山巍巍，使人崇敬。我还要说，师恩似海，因为大海浩瀚，无法估量。

即使我两鬓斑白，依然由衷地呼唤您一声——老师！在这神圣而崇高的字眼面前，我永远是一个需要启蒙的学生！

您不是演员，却吸引着我们饥渴的目光；您不是歌唱家，却让知识的清泉叮咚作响，唱出迷人的歌曲；您不是雕塑家，却塑造着一批批青年人的灵魂……老师啊，我怎能把您遗忘！

您的思想，您的言语，充溢着诗意，蕴含着哲理，又显得那么神奇——啊，在我的脑海里，它们曾激起过多少美好的涟漪！

赞　颂

我的赞颂，我的崇敬，不仅是因为您富有才华，更是由于您一生都在进行探索！

传播知识，就是播种希望，播种幸福。老师，您就是这希望与幸福的播种人！

一个和孩子长年在一起的人，他的心灵永远活泼像清泉。一个热情培育小苗的人，他会欣赏它生长苗壮。一个忘我劳动的人，他的形象在别人的记忆中活鲜。一个用心温暖别人的人，他自己的心也必然感到温暖。

高山在欢笑，流水在歌唱；太阳在欢笑，小草在歌唱；赞美您，为人师表，劳苦功高！

您用灵巧的手，栽种了永吐芳香的桃李；您用深沉的爱，培育出永不凋谢的花朵。

亲爱的老师，您那崇高的爱，唤醒了多少迷惘，哺育了多少自信，点燃了多少青春，催发了多少征帆……

敬爱的老师，您的谆谆教诲如春风，似热泪，永铭我心。我虔诚地祝福您：安康，如意！

您讲课的语言，悦耳如山泉叮咚，亲切似小溪潺潺，激昂像江流奔腾，令人久久难以忘怀！真想重返您的课堂啊，老师！

您如护花使者，培育出桃红李白，万紫千红；您更如一盏明灯，照亮我们人生的旅程。亲爱的老师，您辛苦了！

您的心灵像雪一样纯净，您的人格像青松一般高洁！赞美您！敬爱的老师。

悦耳的歌声，娇艳的鲜花，都受到时间的限制，只有我的祝福永恒，献给我智慧之泉的老师。

人生的旅途中有一串歪歪扭扭的小脚印，伴着一串扎扎实实的大脚印……那是您在用辛勤的汗水，把满园桃李浇灌；用纯净的爱心，在编织五彩花环。

说您是"园丁"，我觉得您比园丁更艰辛；说您有蜡烛精神，您比蜡烛的火焰更光明；说您是"春蚕"，您比春蚕更真诚……

理想的境界一片锦绣，老师，您就是我们的导游；人生的道路坎坷不平，老师，您就是我们的铺路石。

您是红烛，燃烧自己照亮别人；您是园丁，辛勤耕耘精心修剪；您是母亲，无私地奉献知识的乳汁。在属于您的日子里，我要对您说一声"谢谢您，老师！"

您是只小船，您是座小桥，让一代又一代人走向智慧的彼岸。啊！老师，您是太阳底下最可爱的人！

我们喜欢您，年轻的老师：您像云杉一般俊秀，像蓝天一样深沉；

您有学问，还有一颗和我们通融的心。

没有您，就没有工程师、音乐家、科学家……没有您，就没有人类的精神文明。您的职业多么光荣，赢得了全社会的尊敬。

感　激

永记您的教诲和希冀，亲爱的老师，我将一往无前地穿越所有的雨季和晴空！

老师，是您带着我走出了无知的世界，是您教给我人生的真谛，是您净化了我的心灵，是您充实了我的头脑，我用什么来报答您呢？

可知道？是您，在我心灵的小溪旁，栽下了第一行垂柳。可知道？那绿荫，至今还在溪中漂流；那绿叶，至今还在溪中荡漾！

老师，您用满怀爱心，创造了一个温暖、友爱的集体。在我们这个大家庭里，每一刻都充满了阳光、歌声和欢笑。

曾经接受过您丝丝缕缕的浸润，荒芜的心才绽放出花朵。亲爱的老师，请接受我衷心的祝福，祝福您拥有多彩的生活。

怀念您，敬爱的老师！在我心中藏着您春风细雨般的叮咛，像串串风铃，永远响在我的心里！

我不是您最出色的学生，而您却是我最崇敬的老师。今天，您的学生愿您永远年轻。

课上，您是良师，传授科学知识；课下，您是益友，教我们做人的道理。每当我跌倒时，是您伸出温暖的手扶起我。老师，在这属于您的日子里，虔诚地献上我深深的祝福！

亲爱的园丁！鲜花是在您的精心培植下，才开得那么艳丽多彩，才笑得那样欢畅。教师节到来之际，敬祝您：桃李满天下，春晖遍四方！

您付出汗水，灌浇了一棵棵幼苗，无论何时何地，我们不会忘记您耕耘的形象，在分离之时，我把美好的祝福献给您。

漫漫人生，是一条没有尽头的路，无论我跋涉到天涯尽头，我都能清晰地记得您的面容、您的教诲、您的声音、您的精神！

谱一曲心灵的歌，表达我对您的真诚祝福，殷切感念：祝您平安顺遂，事事如意！

或许有千里冰封，或许有万里雪飘，您的热情和温暖却使春天永驻我们心头！真诚地感谢您啊，老师！

又一个新年来到了，我诚心为老师祝福：祝您拥有快乐的一天，恬美的一季，欣慰的一年！

多少思绪，多少往事，悠悠难追忆。请让我将丝丝的思念，殷殷的祝福，捎给远方的您……曾经给我阳光、雨露、春风的老师。

在不久的将来，无论我成为挺拔的白杨，还是低矮的小草，老师，我都将以生命的翠绿向您致敬！

是您，每日的关怀与教诲，把阳光撒进了我的心田，纯洁了我的心智与情操。敬爱的老师，十二万分地感谢您。

一切过去了的都会变成亲切的怀念，一切逝去了的方知其可贵——我怀念着您带我们走过的分分秒秒！

老师啊，是您教会了我做人的真谛，我又怎能把您忘记？

几抹秋霜，染上了您的双鬓；几道皱纹，爬上了您的额头。老师，您的形象，将永久铭刻在我的心上！

柔柔秋风，悄悄地传送，我们对您的时时关怀，刻刻祝福，悄悄地告诉您：我们时时惦念着您……

老师啊，我怎能忘记：我成功时，您告诫我不要骄傲；我失败时，您劝慰我不要气馁……您的谆谆教诲，深深铭刻在我心里。

老师，是您给了我们打开知识金库的钥匙，是您带领我们在知识的海洋里遨游。在这特别的日子里，真希望为您唱一曲深情的歌！

老师，我是舟，您是海，没有您的载托，我怎能远航？老师，我是泉，您是山，没有您的孕育，我怎么涓涓流淌？老师，我是踏着您厚实的灵魂来完善自我。在属于您的节日里，谨献上我深深的祝愿！

老师，您和我们共同经历了三年的风风雨雨，共同走过了三个春夏秋冬。您不仅教会了我们求知，而且告诉了我们做人。现在我们要远离您各奔东西，我们都将奉献给您一片绿荫。

致　谢

踏遍心田的每一角，踩透心灵的每一寸，满是对您的敬意。

犹如从朔风凛冽的户外来到冬日雪夜的炉边，老师，您的关怀，如这炉炭的殷红，给我无限温暖。我怎能不感谢您？

当人们赞赏彩虹的时候，首先想到的是太阳；当我为赢得荣誉而喜悦的时候，第一个想到的就是您！

春雨，染绿了世界，而自己却无声地消失在泥土之中。老师，您就是滋润我们心田的春雨，我们将永远感谢您。

把精魂给了我，把柔情给了我，把母亲般的一腔爱给了我……老师，您只知道给予而从不想收取，我怎能不向您表示由衷的敬意？

鸟儿遇到风雨，躲进它的巢里；我心上有风雨袭来，总是躲在您的怀里——我的师长，您是我遮雨的伞，挡风的墙，我怎能不感谢您！

因为您的一片爱心的灌浇，一番耕耘的辛劳，才会有桃李的绚丽，稻麦的金黄。愿我的谢意化成一束不凋的鲜花，给您的生活带来芬芳！

您谆谆的教诲，化作我脑中的智慧，胸中的热血，行为的规范……我感谢您，感谢您对我的精心培育。

您把自己凝聚成第二个太阳，为我们送来光明和智慧。感谢您，老师！

在人生的十字路口，是您向我伸出了热情的手。那手是路标，于是我从彷徨中坚定，从思索中清醒。永远感激您，我敬爱的老师。

假如我能搏击蓝天，那是您给了我腾飞的翅膀；假如我是击浪的勇士，那是您给了我弄潮的力量；假如我是不灭的火炬，那是您给了我青春的光亮！

往日，您在我的心田播下了知识的种子，今天，才有我在科研中结出的硕果——老师，这是您的丰收！

敬爱的老师，谢谢您以辛勤的汗水滋润我们的心田，并抚育我们茁壮成长。愿您所有的日子都充满着幸福、欢乐与温馨！

人生的岁月，是一串珍珠；漫长的生活，是一组乐曲。敬爱的老师，愿您永远拥有其中最璀璨的珍珠，最精彩的乐章！

老师，您是春风您是雨，荡涤尽了我灵魂中的尘泥。永远不忘您浩荡春风般的叮咛和教诲。老师，我终生感谢您！

亲爱的老师，愿我们的心是朵朵鲜花，盛开在您的天空下，为您的生日增添一点浪漫的情调，为您的生日增添一片美丽的光华。

老师，是您化作级级阶梯，让我踏步奋进。剪下一片云笺，也写不尽的我感激之情。

老师，您站在这神圣的讲台上，像一座路标，指引一代一代的人，向前，向前……感谢您为我们指引前进的方向！

您的微笑，挂在孩子们的脸上；您的甜蜜，流进母亲们的心窝。啊，老师，感谢您，辛勤地培育着祖国的花朵！

您送我进入一个彩色的天地，您将我带入一个无限的世界……老师，我的心在喊着您，在向您敬礼。

感谢您，是您给我们打开心灵的窗子——使我们看见广阔的世界，看见远在银河系以外的星体，看见明天和未来，看见昨天和亿万年前的一切……

当我们展翅腾飞，以挺拔的姿态和热情的双手去拥抱天空的时候，我们将首先拥抱您——我们亲爱的老师！

哦，老师，请别说您给我们的太少，请别这么说。是您给予了我们慈母般的爱和关怀，在我们失败时，给我们以勇气和信心；在我们成功时，鼓励我们再接再厉、更加努力……在这临别时分，千言万语化作一句：老师，谢谢您！

想　念

如果时光能倒流，让我重新回到学生时代——亲爱的老师，多么想再聆听您那语重心长的教诲……

每当收获的时刻，我总会情不自禁地想念辛勤播种的耕耘者——

老师。

老师，离别是淡忘的开始，但您那形象仿佛是一个灿然发亮的光点，一直在我的心中闪烁。

怀念您，亲爱的老师！在我心中珍藏着您明眸的凝视，它们像两眼清泉，永远奔流在我的心里……

在这世界上，无论我再活多少年，再行多远，永不忘记的是您给我的鼓励和期盼。在这样特别的日子里，老师，多想再次聆听您那语重心长的教诲……

似乎一切的过去都会成为永久的怀念，在这秋高气爽的日子里，我是如此地怀念那菁菁的校园，更怀念您的一句一言，谆谆教导……

您用心中全部的爱，染成了我青春的色彩；您用执着的信念，铸成了我性格的不屈……老师，我生命的火花里闪耀着一个您！

生日快乐，敬爱的老师！花白的头发，记录了您艰辛岁月的漫长；脸上的皱纹，凝结的是您呕心沥血的劳动荣光！

您的眼神是无声的语言，对我充满期待；您是眼神是燃烧的火焰，给我最大的热力。它将久久地、久久地印在我的心里。

让我的祝福，像那悦耳的铃声，飘绕您的耳畔，留驻您的心间，敬祝老师生日快乐！

别后，漫长的岁月，您的声音，常在我耳畔响起；您的身影，常在我眼前浮现；您的教诲，常驻在我的心田。

人生是一条没有尽头的路，我走着，走着，不断地走着。当我疲惫懈怠时，记忆中就会浮起坚定的面容，坚毅的声音，坚韧的精神。

您对我们严格要求，并以自己的行动为榜样。您的规劝、要求，甚至命令，一经提出，便要我们一定做到，然而又总使我们心悦诚服，自觉行动。这就是您留在我心中的高大形象。

服饰依旧，容光依旧。您那熟悉的板书、熟悉的声音，将我们的思绪牵向往昔的学生时代。

是您打开了我思想的门窗，是您融化了我心底的冰霜。老师，您使我看到辽阔的世界，领略到一派春光。

岁月的白发虽已爬上了您的两鬓，在我们看来，您却永远年轻！因为，在智慧的大海里，您始终与时代的步伐同行！

一颗不被注意的心，往往是需要阳光的。老师呵，您那温暖的大手，曾多少次抚慰过我的心。您的爱，您的情，我会珍惜，我会珍藏，直到永远，永远……

"桃李满天下"，是教师的荣耀。——值此日丽风清、秋实累累的园丁佳节，敬祝老师康乐如意，青春永葆！

老师，您的青春是美丽的，因为它似勃发的春柳，淙淙的溪水，奔腾的浪花，滚滚向前的车轮。祝您青春长驻！

春天的玫瑰发芽，不是受了太阳的照拂，怎能显露出娇艳的色泽？——啊，老师，您的教诲，胜过那温暖的春阳！

我是一叶小舟，是您鼓励我扬起奋进的风帆。我唱着您教会我的歌，勇敢地驶向大海……

问　候

老师，我在这遥远的地方，向您亲切地问候，您像那青山屹立在我的心中，您像那绿水浇过我心田，你在我心中永远山清水秀。

我亲爱的老师，你的白发是否又增加了几根呢？而郑每一根脱落的白发都系着我的心。愿你每一根白发都变成常青树，我们是树上的小鸟，我们展翅飞翔，我们一定回到你的身边。

老师，我的一声问候，好似又站在了您的身边，倾听着您亲切的教诲，而您这时课堂上朗朗的讲课声音，已经传到我的心中，因为大地有您洪亮的回音，永远是那么悠长悠长。

老师，我记得您的声音一直有点沙哑，那是您长年累月地讲课累成的。就因为您那沙哑的声音把我们这些一颗颗顽石磨砺成了珍珠。老师，您可要注意身体，祝您永远健康。

老师，我对您这一声问候，请您别说谢谢，正如您千百遍给我辅导功课，我要对您说一声谢谢时，您却说这是应该的。

老师，问候您好吗？您心中熊熊燃烧的烛光，永远映着我的身影，永远照着我前进的人生道路。您好像太阳，我常常感觉到我也走您也走，您永远在我的前头。

一声问候一片情，老师，让这小小的贺卡带给您一颗心。这颗被你浇灌的心，曾经只是一颗顽石，现在终于开花了，现在惟一向您报告的，就是它知道了怎么来报答您的深情了。

千山外，水长流，老师，我这一声问候，怎能诉说我对您的感谢。我只好对着满天星空说，我站在这黑夜里，星星是您的眼睛，黎明是您的背影，我飞跑在地平线上，追赶着流星。

老师，您也许就要退休了，我真希望您好好安享晚年，但您却说要留在学校，为学校浇花剪草。您那辛勤园丁的精神，是要把每一滴露珠都播种在土里，让它结出丰硕的果实。

老师，您现在还好吗？您的来信我已经收到，您说您原来工作忙，没时间写信问候和关心我们每一位学生，现在退休了，才向我们写信问好，并希望我们在祖国的四面八方像星星一样照亮每一寸土地。老师，我向您报告，我们永远不会辜负您的热切希望。

4. 长辈

赞　颂

您用心点亮了我的心，以爱培育了我的爱。有您，我感到了世界的温暖。

经历过这么多的风风雨雨，您似乎更年轻了，不但是外貌，而且是心灵。

在风平浪静的海面上，所有的船只都可以并驱竞胜；但当狂风恶浪骤起时，却只有像您这样大智大勇的人方能临危不乱，泰然处之。

您是一块坚硬的花岗岩，甘愿铺在道路上，垫平坎坷，消除泥泞，让人们踏着向前……

您生命的秋天，是枫叶一般的色彩。不是春光胜似春光，时值霜天季节，却显得格外神采奕奕！

透过那额角的皱纹，还有银鬓华丝，我看见了您一颗水晶般的心。

如果母亲是雨，那我就是雨后的虹；如果母亲是月，那我就是捧月的星。母亲是我生长的根啊，我是母亲理想的果。

世界上只有一位最好的女性，她便是慈爱的母亲。世界上只有一种最美丽的声音，那便是母亲的呼唤。

母亲的伟大，不仅仅在于凝结了孩子的血肉，更在于塑造了孩子的灵魂——母亲的一生，是一次爱的航行。

母亲是世上无与伦比的伟大力量。这种爱凝聚成了我的勤奋、毅力和意志，它永远闪耀在我青春的光芒之中。

母亲啊：在悲伤时，您是慰藉；在沮丧时，您是希望；在软弱时，您是力量。您是同情、怜悯、慈爱、宽容的源泉。

母亲的气息，永远是甜美的。

为了公众的利益，您忘我地奉献，从来不想表明自己的功绩。您像一只蜜蜂，只希望为蜂巢添粉加蜜。

您这勤奋的笔，是深耕的犁，不停地写，不停地犁，在这知识的沃土上耕耘。您定拥有一个黄金般收获的秋季！

站着，是一棵向上的树，即使秋天已经变得枯黄；生命，也要挺立着，摇响曾经永恒的誓言。

人们常赞宽阔的海洋，而比海洋更宽阔的是天空，比天空更宽阔的是您的心胸。

要懂得，用执著的情怀，对待离别的愁绪，就像梅花，即使在寒冷的冬季，也执著地盛开，就让我们怀着这样一种期待，春天会再返，美好将再来。

在这一天，我仍然会抽空想一下，想想妈妈为我们做了多少事。您是永恒和未来，是浑圆的无始无终，让我的想念无时无刻，让我的祝福走进您的心底，感受您散发着的收获和芳香。

您就像一棵绿叶如盖、摇曳多姿的大树，我一直走到很远都回头瞧见你，在风中枝蔓直伸到天边……

您是暴雨前的雷电，虽然只是一闪，却激起了我同风雨搏斗的勇气。

您的一生犹如一株燃烧的石榴，到了深秋，还向人们献出火一样的玛瑙珠。

您不让光荣的历史成为束缚今天的绳索，不让年龄成为志在千里的羁绊，表现出长者的睿智与气度。

您是一棵大树，春天倚着您幻想，夏天倚着您繁茂，秋天倚着您成熟，冬天倚着您沉思。您那高大宽广的树冠，使四季永不荒野。

我经历过黑夜，我在这黑夜的航路上没有触礁，没有搁浅——因为有您这盏用心燃亮的航标。

您是大山里涌出的一眼温泉，滴滴点点凝成我理想的珠串，叮叮咚咚为我奏响进取的心音。

母亲像丰饶的土地，我像土地上的一棵小草。母亲的给予是无尽的，而我的报答是微薄的。

您像雄鸡报晓时的呐喊，虽然只是一声，却唤醒了我沉睡的心灵。

我们的欢乐是母亲脸上的微笑，我们的痛苦是母亲眼里深深的忧伤，我们可以走得很远很远，却总也走不出母亲心灵的广场。

您额上的皱纹记载着您的坎坷，您古铜色的脸庞标志着您的坚贞。您的一生就是一首瑰丽、动人的诗篇。

您不知道，也最清醒。您不知道的，是毋须知道的东西；您清醒的，是必须了解的一切……

我爱红枫，它飘摇于肃杀的秋气之中。它吸尽了热，用自己的生命，给寒冷的世界点染上一片暖色。

把怀念投邮，感觉像放飞了风筝，轻快又茫然，不知你还会不会翘首期待，看那风筝飘扬在你头顶春日的天空。

父亲如阳光，予我刚强和热情，让我的意志获得磨炼；母爱如月亮，予我温情与诗意，让我的灵魂得到洗礼。

我爱红叶，摘一片送给您。您就像红叶，青春时火红，霜过后更加如火如荼。

您给我的不是宫殿，不是钱财，不是地位，您给我的是一部浩如烟海的生活百科全书，它比什么都有价值，指引我走向美好的人生。

把爱全给了我，把世界给了我，从此不知这世间的苦与乐！多想告诉您，其实我一直都懂您，妈妈！

我是从故乡屋檐下飞出的一只小鸟，娇嫩的翅翼上凝结了您老人家深情的抚爱。

当年的幼雏，面对蓝天，他们一无所知，心里藏满了解不开的谜；如今，他们将凭借强劲的双翅翱翔天空，去寻找那未知的答案。但无论他们飞得多高，飞得多远，总不会忘记可爱的家，不会忘记父母的养育之恩。

感谢您使我永远拥有最清新的早晨，最明媚的春天。

儿时的情景似梦般依稀，母亲的温暖永难忘记。母亲，我日夜思念你，恨不得月星倒移。

当我跌倒让人扶持，谁对我说美丽的故事，给疼痛的地方一个吻——我的母亲。

灯下，我凝视着您的脸庞，不知何时您的额上又平添了皱纹，不知何时您的双鬓已染成了白色？妈妈，您太辛苦，太操劳了！明天让我帮您煮饭，洗衣好吗？

说真的，没有一件衣服，会一年四季都合穿；但有一句话适合在任何季节说，那就是：我爱你。

岁月漫漫掠过我的心间，惟有母爱照亮我的心田。何处再寻那样的持久永恒、忠诚、无私、耐心的情。

我的心深深向往着您，借蓝天上驰过的白云告诉您："归来吧，我的亲人！"

相隔愈远，思念愈深；历时愈久，思念愈切。长夜漫漫，相思之情何时可了？

我的成就，我的能力，都归功于我慈爱的母亲。

当相思树又绽开星星点点的鹅黄色小花时，游子啊，您可看见，这亲人热泪浇灌出来的小花，让海峡上空的每一丝风儿，都染上了相思……

多少年来，您伴着我的梦幻，随着我的希冀，走了长长的路……您能与我永远同行吗？我亲爱的妈妈！

妈妈，我庆幸您是我的妈妈，因为我从来没有像您这样长久的朋友。我们的友谊像块晶莹的宝石。多少年来，我们用真诚来雕琢它，用智慧来修饰它。看，它玲珑剔透、光彩奕奕，它的价值无与伦比。

如果您正站在岸边，如果您正望着大海，那一朵朵浪花，就是我的思念！——都是我的思念啊！您可看见，看见这殷切的招手？您可听见，听见这深情的呼喊，呼喊着您……

一别几度寒暑，一切都似隔世。思念您，万种缱绻，牵惹得我茶苦饭淡，连轻尘飞鸟都在思念，我的骨肉，我的亲人！

世界不是上帝创造的，而是母亲创造的。在这思念的时刻，我更加依恋您的慈祥，您的温暖，您的微笑，您给予我的爱……

愿这小小的贺卡，缀满浓浓的故乡情。愿它挟一缕轻柔的炊烟，系一串嘹亮的鸡啼，映一湾清澈的小溪，牵一派稻身的新绿……飞去，

114

飞去，飞到您的身边！

我有个小小的梦，这个梦中只有您，您的微笑，您的叮咛，常驻在我心底，我曾几百度祈祷命运创造出神奇，让我在相隔几十年后，看一看您的容貌，听一听您的声音，诉一诉我的心曲。

假如我是作家，我的第一篇作品将是《母亲》；假如我是歌星，我的第一首歌也将是《母亲》。

山泉，像一根琴弦，日日夜夜弹奏着家乡的山歌，带着我的问候，飞出山谷，流入江海，寻觅着您的踪影。

我等待着您，海峡那边的亲人，虽然我们都已白发满头，可唱的还是当年的恋歌。

窗外，一滴雨，一丝风，一抹云，顺着叶尖轻轻滴下；窗里，一杯酒，一首歌，一片情深，浸醉了您的心。

祝　愿

值此春回大地、万象更新之良辰，敬祝您福、禄、寿三星高照，阖府康乐，如意吉祥！

您常常伸出援助的手，热情地为人指点迷津；您总是献出赤诚的心，自愿关怀他人如至亲。

愉快的情绪和由之而来的良好的健康状况，是幸福的最好资本。祝您乐观长寿！

祝寿专把心意寄，岂只温馨一片心？为求华诞遂君意，声声祝愿传此音。

诚挚祝贺生日快乐！

欢乐就是健康，愉快的情绪是长寿的最好秘诀。祝您天天快乐！

愿您在寿辰的每时每刻得到愉快，对一切赏心悦目之事感到满意，让每次回忆带给您欣慰。

愉快的笑声——这是精神健康的可靠标记。愿您在新的一年中，天天都愉快，日日有笑声。

您带来的欢乐，您给予的帮助，您流露的爱心，您过的生活——这一切都使您在我们心中，一年比一年倍感亲切、倍受敬爱。

让美丽的朝霞、彩霞、晚霞一起飞进您的生活，这就是我的祈愿！

因为您已把生活变成艺术，因为随着一年一度的寿辰，您的精神和心灵仿佛更显得年轻，所以生日对您说来永远如意称心！

您是经霜的枫树老更红，历尽悲欢，愈显得襟怀坦荡。衷心祝愿您生命之树常青。

不懂事的时候，生日里我向您要这要那；长大了，我把礼物献给您，妈妈，是生活教我懂得了什么是伟大。

您心灵深处，积存着一脉生命之泉，永远畅流不息。祝您长寿！

　　岁月染白了您们的头发，也在我心中刻下了爱的年轮；我心树的茂盛，正是您们用慈爱浇灌的结晶。在这个美好的日子，敬祝新年快乐，万事如意，健康平安！

　　愿您的人生充满着幸福，充满着喜悦，永生于无尽的欢乐年华。

　　今天，天空格外蔚蓝，鲜花格外娇艳，因为今天是你们的银婚纪念日，我感到多么高兴、多么幸福啊！你们携手走过了四分之一世纪整整二十五年。二十五年，这是一个青春的年华。
　　敬祝爸爸妈妈白头到老、青春永葆！

　　经常保持心胸坦然，精神愉快，这是延年益寿的秘诀之一。

　　心底的祝愿，捎去无尽的爱，只因为这是为了献给您。祝愿是为了您的寿辰，爱是为了整年伴随您的身影。
　　致　谢
　　树木的繁茂归功于土地的养育，儿女的成长归功于父母的辛劳——在您博大、温暖的胸怀里，真正地使我感受到了爱的奉献。

　　为了您日复一日，帮助家庭，不辞艰辛；为了您一路扶持，指点迷津，沥血呕心；为了您帮助家人，屡度难关，共排障碍。为了这一切，请接受我们对您的深深的感谢和炽热的爱！

　　有些人因为说的话而得到爱，有些人因为做的事而得到爱。妈妈，因为您是您，所以您得到这么深的爱，更真心地感谢您对我全部的爱。

您对我的爱是这样深，言语的表述显得实在无力。母亲，我希望这句话能够告诉您我最想说的事——我多么感谢您，又多么自豪，因为我有像您这样慈爱的母亲！

在我郁悒时，您给我以快乐；在我犹豫时，您坚定我的信念；在我孤独时，您给我关怀；在我动摇时，您给我前进的信心。我感谢您

当你需要真正的理解，当你需要关心，当你需要指点……你总可以去找父亲。

谢谢您，爸爸，谢谢您倾听、关心，谢谢您给了我许多，可又为我分担忧虑，爸爸您真了不起，谢谢您。

白鸽奉献给蓝天，星光奉献给长夜。爸爸妈妈，我拿什么奉献给您们呢？

我的回报只能是由衷的感恩！

每个家庭都有使聚会洋溢着温情的人，这个人使平凡的日子欢乐倍增，这个人将爱给予身边所有的人……我们每个家庭都有这样的人。

长大才明白，我诞生时的第一声啼哭，其实是对母亲满怀感激的第一声礼赞。

在盘旋迂回的小路上，我听到您的喘气声，在浓烟缭绕的伙房里，我听到您沉重的咳声，但您那温暖的臂膀终究没有离开我。即使在风雨中，我也是在有节奏的摇晃下熟睡。

我终于长大，谢谢您，母亲！

在我诞生的时候，有一个世界跟着诞生了。这是个无比温暖的世界，不属于别人，只属于我一个人，那就是我的家。

渐渐地，我们长大了，见到伙伴总要伸出胳膊，比试肌肉……
可是您却老了，敬爱的母亲，叫我如何来报答您的恩情？

心的最深处永远绽放着一朵花，那朵花不会因岁月的风霜而凋败，永远伴我到天涯海角，那是你们——亲爱的爸爸、妈妈给予我的爱。谢谢你们！

思　念

您走了，怀着亲情，带着思念，含着热泪。呵，道一声珍重！请相信，时间的逝波卷不走纯真的记忆，我心中将永远留下您春风般的温情。妈妈！

我在这里，您在那边。虽然共在一朵彩云下面，海峡却又把我们分在两地。我们隔得很远，却又离得很近。我的妈妈。

乡愁是一棵没有年轮的树，永远不会衰老。但愿在您心目中：故乡的月亮永远皎洁明亮，故乡的笛声永远清远悠长。

在这美好的日子，请允许我借晨曦为您送行，让它赠给您千万束辉煌的光芒，让它为您展开一条铺金镶银的前程！

您心中那一片乡情，是天，是地，是山，是水，它与您逝去的童年连在一起，与您坎坷而丰富的经历连在一起，与您那无比亲切的乡音永远连在一起！

　　江南的水，那是最香最甜的家乡水，特有的质地，特有的风味。愿您的生活中永远萦绕着醇厚甜蜜的家乡味。

　　任何一片树叶，经过了雨雪风霜，盼望的正是在绿过、红过、黄过之后，落到生育它的宽广厚重的土地上来。

问　候

当有病时，就要努力恢复健康。当健康时，则应当经常从事锻炼。

　　"忽如一夜春风来，千树万树梨花开"。瑞雪喜降，大地报银，阳光虽好，寒气仍重，望您冷暖多保重，身心康乐迎新春。

　　运动，是健康的源泉，也是长寿的秘诀。盼您天天锻炼，益寿延年。

　　让您心中永远保留着年轻时的激情，年轻时的火焰吧！那么，您就会永远年轻，即使您已满头白发，步履蹒跚。

　　我的幸福十分之九是建立在健康基础上的，健康就是一切。

　　休息是我们的天然保姆。为了永葆青春，多做奉献，望您"一闲对百忙，年高身益壮"。

　　轻轻一声问安，让贺卡将我心中的祝福化作阳光般的温暖，永恒地留在您的心灵中。

　　笑是美的姐妹，艺术家的娇儿；笑是治病的良方，健康的朋友。

在您休养的时候，让我送上一个甜甜的笑。

快乐就是健康，一种美好的心情，比十副良药更能解除生理上的疲惫和痛楚。

人能清心寡欲，无暴怒，无过思，自然血气平和，除疾益寿。

愿一声亲切的问候，温暖您的心，愿温馨的祝福，伴随着您的人生之旅！

你感到憋闷时，请追溯往事，回到自己的记忆中去吧——在那儿，深深地、深深地，在百思交集的心灵深处，你往日可以理解的生活会重现在你的眼前，为你闪耀着光辉，发出自己的芬芳，依然饱孕着新绿和春天的明媚与力量！

春天的后面不是秋，不必为年龄发愁。您迎来的是热烈的夏天，正是您精神焕发的时候。只要心灵始终年轻，永远是青年的朋友。

一片赤诚是长寿之本，满怀善良是快乐之源。望多保重！

人类的幸福只有在身体健康和精神安宁的基础上，才能建立起来。

睡眠和休息丧失了时间，却获得了明天的精力。望您在百忙之中保重身体，注意休息。

在人生中，健康的价值远胜过声望和财富。愿您劳逸适度，多加保重。

乐观的情绪能保持大脑的健康，而健康的大脑又会使人精神矍铄欢乐。

轻快的步行，如同其他形式的运动一样，是治疗情绪紧张的一付理想的"解毒剂"。

对人生来说，健康并不是目的，但它却是第一个条件。

5. 伟人

敬　仰

我们都应崇拜伟人，并且必须永远崇拜。伟人们是社会的中流砥柱，是现代革命史的里程碑，没有他们，历史将千古如长夜。

尊敬伟大人物的最好的办法，莫过于把他的缺点就像他的美德一样仔细认真地提示出来。

为了让伟人们发掘伟大的思想，进行他们的壮举，我们必须把他们擎到整个人类的肩膀上。

我们在世界历史的每个时代，都会发现伟人，他们是该时代的不可缺少的拯救者——无人点火，任何燃料都不会燃烧。

一个人的伟大不在于他能走在时代的前面，这几乎是不可能的，而是在于能理解，能响应时代的要求，能引导时代向前迈进。

一个人是否伟大，不是由自己来决定，而是由周围的群众公认。

伟人是必然的，他们出现的时代是偶然的；他们几乎总是成为他们时代的大师，这不仅是因为他们是强者，还因为他们是老者，在他们产生之前，力量已经积蓄了很长时间了。

伟大的人物从大自然获得了难以估量的影响自己同时代的权力和创造力。

伟大的人物和河川惯走曲折的路一样，虽然曲折，可是却通向他们的目的地：这是他们的最大的勇气，因为他们对曲折的道路毫不畏惧。

颂　扬

只有把伟大而纯洁的人物树为榜样，才能引导我们具有高尚的思想和行为。

伟人所拥有的卓越成就并不是突然一下子取得的，要知道当同伴都睡觉的时候，而他们却还要孜孜不倦地忙至深夜。

完成伟大事业的人起初并不伟大，可是他能够使自己伟大起来。

他们之所以为伟大的人物，正因为他们主持了和完成了某种伟大的东西。

伟大的人物造就伟大的事业。

优秀的个人能够引导世界前进，没有他们，世界恐怕只有黑夜，到处是一片混乱，物欲横流了。

问　候

乐观是养生的惟一秘诀，常常忧思和愤怒，足以使健康的身体变得衰弱而有余。

忧愁、顾虑和悲观，可以使人得病；积极、愉快、坚强的意志和乐观的情绪，可以战胜疾病，更可以使人强壮和长寿。

音乐以不可思议的形式激发人的精神力量和体力。

假日是人自己给自己创造出来的，生活是美人儿，她要求馈赠啦、娱乐啦、各种游戏啦。生活应当过得痛快才对。

快活高兴，消灾消病。

快乐就是健康，忧郁就是病魔。

有博大的心胸，远的也会成为近的。

体育和运动可以增进人体的健康和人的乐观情绪，而乐观情绪却是长寿的一项必要条件。

欢乐是生活的良药，它能治愈生活中的疾病，平息生活中的争斗。

一个温雅的老年正是永生的孩提时代。

内心的年龄不是由头发的是否灰白可以看出来的。

年纪只是感觉如何的问题，而不是年岁的问题。

致　谢

我们感谢火焰为我们带来了光明，但我们也没有忘记那执灯的人，他正坚忍地站在黑暗当中呢。

千里寄鹅毛，礼轻情意重。

我的生活如一本破损的书卷，书页将尽，有那么一小张，精美地保存着，我的友人，那里你曾写下你的名字。

您的话语像潺潺的溪水渗入我的心田，激起我对美好生活的向往。

物以稀为贵，情因老更慈。

舒心的酒，千杯不醉；知心的话，万言不赘……

埋在地下的树根使树枝产生果实，却并不要求什么报酬。

祝　愿

您的业绩永世长存，您的光辉永照人间，祝您老与天地同寿，偕日月同辉。

您如此高寿，还孜孜不倦地探索，真是"白首壮心驯大海，青春浩气走千心"，祝愿您身体安康。

"老骥伏枥，志在千里"，祝您夕阳更红，再铸辉煌。

您每走一处，都撒播您的美丽歌声，山风是您歌声的回音，白云是您歌声的缭绕，您以美丽的歌声装点人间，祝您永远流芳人间。

您老退休了依然坚持科研事业，祝您"松节松心宜晚翠，童颜鹤发胜当年"。

您老真是"白发朱颜，喜登上寿；丰衣足食，乐享晚年"，祝您福态安康。

听了您的演讲，真有"与君谈一席，胜读十年书"的感觉，祝您在人生追求的道路上，取得更加辉煌的成绩。

您的书真是字字珠玉，句句金言，我读了后受益匪浅，有几句我把它作为了我的座右铭，祝您写出更好更美的书来。

看了您争取获得奥运金牌的镜头，我为您的拼搏精神深深感动了，我决心从此也要以更高更强的标准来要求自己，努力向您学习，同时祝您永远捍卫冠军的荣誉，在下次奥运再次夺取金牌，让五星红旗再次高高飘扬，让《义勇军进行曲》再次响彻大地。

6. 出国留学生

抒 怀

作为新生力量的青年一代，应该成为时代的青年，每个青年具有新的思想，准备更替旧的思想。这也是人类进步和人类进程的条件。

昨天，已经过去，留下一个温馨的梦；黎明正悄悄地到来，带给你一个如同太阳般热烈的未来。

你在异邦，我在故土；身居两种课堂，共抹一片阳光；相隔千山万水，一起在学林里成长。

假如祖国是码头，你就是海上的舢板。风浪越大，漂泊越远，你一定越加渴望回码头靠岸。

探求真理的人的大胆不是罪过，因为那是遵照上界提示而发生的……

在感情的天平上，祖国的砝码最重；在人生的跋涉中，事业的道路最长。

科学赋予人类的最大礼物是什么？是使人类坚信真理的巨大力量。

年轻的海燕，你展翅远飞异国他乡。呵，飞吧，飞吧，欢送你的，是一轮朝阳；迎接你的，是多彩的世界！

人世间最美丽的情景是出现在当我们怀念到母亲的时候。

所谓爱国心，是指你身为这个国家的国民，对于这个国家，应该比对其他的一切的国家感情更深厚。

你在地球西，我在地球东；你沐朝阳，我浴清辉；朝夕不相见，日月共追随。

科学需要一个人贡献毕生的精力，假定你们每个人有两次生命，这对你们来说也还是不够的。

打在儿子身上，疼在娘心上，每一位海外的学子，当你受到屈辱时，你可曾想到祖国母亲，也在为你心疼地叹息吗？

科学是四海为家的——不过在任何不播种的地方，是决不会得到丰收的。

山岗、原野、花丛、小溪……故土处处蕴含着柔情蜜意，时时敞开着温暖的心扉。欢迎你，即将返家的游子。

不去探索更新的道路，只是跟着别人的脚印走路，总会落后别人一步；要想赶过别人，非有独创精神不可。

一个人只有把自己的事业和祖国的事业联系起来才能有所进步，才能有所作为。

科学是没有国界的，因为它是属于全人类的财富，是照亮世界的火把，但是学者是属于祖国的。

要永远觉得祖国的土地是稳固地在你脚下，要与集体一起生活，要记住，是集体教育了你，哪一天你若和集体分离，那便是末路的开始。

杨柳长得很快，而且很高；但是越长得高，越垂得低。千万条陌头细柳，条条不忘记根本。

祝　愿

你愿在浩淼的世界里，成为一叶船帆；我却愿你再带上一张收获的网，捕捉那五彩缤纷的新生活。

愿你，置身于异国的他乡的兄弟，驾驭生命之舟，泊位于幸福之港，年年如意，岁岁欢乐！

欢乐吧，朋友们，不管你身在何处，幸运与欢乐，将时刻陪伴着你。

祝福是份真心意，不用千言，不用万语，默默地唱首心曲，愿你平安、如意。

祝贺你，长着金赤羽毛的新生的凤凰，你终于带着鲜红的火焰飞起来了！

舀起故乡的水，权作酒一杯，庆贺你学业卓著——呵，未饮心先醉！

万水相隔离，千山望无际，我只能寄语白云：祝你找到幸福，盼你早日学成而归！

在海天之际，一片鼓风前进的白帆被太阳照得鲜红，它是多美呀！——你虽然远离父母兄妹朋友，但我们的祝福将永远陪伴着你。

我无法让时光留步，但愿问候与祝福，永远留在你心窝。

我知道，你远方的心，甜蜜而又难受。愿你早日实现心中的愿望：勤奋采撷，将甜蜜带回故土。

但愿人长久，千里共婵娟。

你的年岁已是正午的太阳，却不远千里，远涉重洋，去异国探求知识的宝藏。祝你成功，盼你早日凯旋！

勉　励

理想像一株果树，只有长年累月，毫不厌倦地用辛勤的汗水去浇灌它，才能结出丰硕的果实。

只有远渡重洋，才能知道海洋的汹涌澎湃，浩大无边；只有旅行家，才能通晓世界的广阔和个人的渺小。

要取得钻石，先要有钻石一样的心；要想取回真经，就得有唐僧一样不畏万般磨难的勇气和毅力。

　　生活的道路一旦选定，就要勇敢地走到底，决不回头。

　　集腋成裘，聚沙成塔。几秒钟虽然不长，却构成永恒长河中的伟大时代。

　　知识是巨大财富的源泉，它会使精神和物质的原野变成肥沃的土地。一个人的幸福在于经过不懈地追求而取得成功的时刻！

　　路是人的脚走成的，为了多辟几条路，必须多向没有人的地方走去。

　　跨出国门，人生开始新的旅程，一路上，难免会有荆棘、风暴与雷鸣，相信你会以坚实的脚步，不懈地向成功迈进！

　　沿着别人的脚印行进并不困难，为自己开拓道路要困难得多，但也光荣得多。

　　会划船的人不怕风急浪大，会走山路的人不怕山高路险。既走外出求学之路，就不在乎前面的各种苦难。

　　如舵手能使八面风，好男儿志在千里，求学四方，能抵得住十二级风浪。

　　在异国他乡，有你理想的追求，有你汲取知识宝藏的殿堂。理想的实现，需要的是坚韧和执着，知识的汲取需要的是勇气和勤奋！

没有崇高的理想，青春就将枯萎；没有伟大的志愿，生命就将暗淡无光。

古今中外，凡成就事业，对人类有作为的无一不是脚踏实地、艰苦攀登、勇往向前。

强者在生活的波涛中探索人生的意义，追求美好的理想；弱者却在生活的巷道里颓丧叹气，毁灭自己的青春。

飞翔的永恒在于振翅，流动的永恒在于不竭，生命的永恒在于追求。

搏斗吧，朋友！在人生艰辛的搏斗中，把苦难铸成欢乐，用痛苦换取幸福！

理想如同一个金光闪闪的宝岛。通往它，需要坚固的大船和正确的航向。

船是勇敢的象征。你就是一艘勇敢的船，出洋远航的船。相信你不会害怕太平洋的狂涛，也不会畏惧好望角的巨浪！

别　离

你要走了！我不知究竟该把头埋进沙漠还是藏进云层？怎么办，我都像落魄失魂。

祝你一路平安，学有所成！

　　舍不得你离去，在你离去时特别舍不得你。在你离去时，希望你发现幸福正伴随你，帮助你实现理想，协助你奔向锦绣前程。

　　临别请你喝一杯故乡的水，你走遍天下，也别忘了把家乡装在胸怀……

　　自豪吧，远渡重洋的雏鹰，你拥有蓝天一样的情怀，用热烈的希望和不懈地追求，去编织绚丽灿烂的未来。

　　离别是痛苦的，但成功的欢乐，却能给予加倍的补偿。

　　说声"再见"，是希望你知道，不论你走向何方，温馨祝愿总会拥抱你！

　　请记住春水的殷殷叮咛，珍藏乡土郁郁的芳馨。

　　希望是坚韧的拐杖，忍耐是旅行袋，携带它们，人可以登上永恒之旅。

　　我们怀着眷恋难舍的心情为您送行，祝一路顺风、宏图大展。

　　离别的种子，咱俩共同埋进心坎。你在异国的校园里，用勤奋和智慧浇洒；我在故乡的土地上，用辛劳和赤诚灌溉。重逢的那一天，定然是：花儿朵朵，果实累累。

　　启航吧，朋友！假若在沙滩搁浅，别发愁，你最可靠的朋友会送来友谊的风……

临别，送上我诚挚的祝福：不管你走到哪里，幸运将时刻陪伴着你！

轻轻地说一声再见，即将飞往异国他乡的雏鹰，我会永远记得：在短暂的人生旅途中，我结识了你。

这是为你送行的衷心祝愿，这是向你说声"再见"的最诚挚的心愿，并祝你来日永远一帆风顺，早日学成归来！

想　念

一枝月季，插在我案头的花瓶里，碧绿的嫩叶，鲜红的花蕾。朝朝暮暮，它陪伴着我的思念，散发出阵阵的幽香……

如果你走到海滩上，务必不要忘记捡起大海送上的贝壳。你将从中听到我在天边托它给你捎去的呼唤……

故乡的叶笛，吹出亲人的乡音，笛声中有故乡美丽的风情……相信它定然永久地回荡在你的耳畔，时时撩拨你的心弦！

人生的长河，飞溅着彩色的浪花，那里有你远航的小舟。

家乡的炊烟，似挥别的手绢，似绵绵的情意，似悠悠的思念。它牵挂你，盼你在异国学习顺利、生活遂意！

纵然两地分离，我仍然能以思绪勾勒出你浪迹天涯的背影。

丝雨绵绵，点点滴滴，激起无数相思的涟漪；绵绵丝雨，滴滴点点，牵着大洋彼岸的你！

虽然我们远隔重洋，一声亲切的祝福，缩短了我们彼此的距离，因为远渡重洋来到你身边的，这份特别的祝福，将带给你许许多多温馨的思念。

一缕淡紫色的思念仿佛黄昏时的晚云，轻轻飘上我的心头。愿它飘至异国他乡，去问候你这远游的赤子——我亲密的朋友！

请你打开窗子，让夜空的星星，走进你的房子，让花儿的芳香，流进你的屋子，让祖国亲人的思念飘进你的心坎！

无论你展翅飞向何方，请别忘记：珍藏我真挚的祝福和绵绵的思念！

遥望水天相接的地方，想起异国诱人的风光，托海鸥捎去问候，并祝你身体健康。

仿佛所有的记忆如落定的尘埃，不经意间容易唤起，一连串绵绵不断地思念，自言自语与太多的牵挂——对远隔重洋的你！

世上的桥搭在江河两岸，思念的桥架在心间。架在河上的桥只有百十米，心上的桥连接万千里！

我那颗怀念的心，充满着无数的厚望。在这甜蜜的季节里，送给你我日日夜夜的思念！

我从感情的土壤里，摘下一朵成熟的蒲公英。对着那轻柔的绒花轻轻一吹，白色的小天使便缓缓地飞起——愿它飞进你的心田。

我已把玫瑰插上花篮，我已用甘露把酒杯斟满，我衷心地祈祷：归来吧，我的朋友，让我们共同为故土的大厦添砖加瓦。

愿我的思念，如天上的白云，伴你到天涯永远伫立在你心田！

自从你远渡重洋，我总爱遥望星空，因为那颗最亮的星辰，能映出你的笑容！

故乡的云，美丽的云，像花一样开在天上。你在异国他乡，只要仰望天空，就一定能看见。

联　谊

过去我们是彼此彼此的同学，也许您学成归来就是我的老师。您归来即便叽里咕噜地说着洋话，我也能听懂您说的什么，因为我们曾经发誓要共同建设祖国这片热土。

安心学习报效祖国，打工赚钱最好业余。若您经济困难，我可以帮助您。记着我们的友谊，现在虽然不是同窗，但也是同一片蓝天。

我们的友谊并不因为大海的分隔而中断。我们同是一轮太阳同是一片蓝天，您带走的是我的目光，留下的是我的期盼，希望您早日归来。

您的学业是那么重要，我的工作是那么紧张。虽然我们彼此书信是那样难得，相聚又是那样短暂，但彼此的友谊把我们紧紧相连。

您为了学业，不怕远渡重洋，在异国他乡一面辛勤打工，一面坚持繁重的学业，您到底为了什么呢？还不是为了心中的梦想。愿我们的友谊陪伴您度过一个个孤独的日子。

千山的阻隔，时光的流水，我们的友谊却与日俱增。在大海的沐浴下，它黄金般珍贵，珍珠般璀璨。

一封信像流星，飞越千山万水。您是否看出太阳的金色和月亮的余韵，千山外水长流，但愿我们的友谊天长地久。

这边的太阳升起，那边的月亮落下，您是否看到我追赶太阳的脚印，我是否看到您背着月亮的身影，我们都飞跑在地平线上，追赶明天的黎明。

7. 港澳台同胞

抒　怀

我给您寄上一朵家乡的兰花，她淡似朵朵轻云，又浓似团团烟霞，它是春的使者，飘逸在海峡两岸。

也许，你以为在那里，在可怜的异邦，人过的是安乐生活。不，亲爱的，这里日子虽然困难，而那里却更困难。

当黄昏时走在田野上，那如此不可排遣地困惑着我的心的，是对于故乡故土的畜粪的气息和村边的畜棚里的干草的气息的记忆啊……

世界上有着许许多多比乡土更加美妙、更加怡人的地方。但独有故乡却是"我的"，它像母亲一样，无可选择。美的，不够美的，都一样，是亲爱的、是"我的"。

无论隔着山，隔着海，隔着岁月，中国人的血液里，总是绵绵不断地流动着一条黄河，一条长江。

我愿化作一道彩虹，架起一座桥梁，在海峡两岸，在我俩心上。

虽然我们萍水相逢于旅途中，但是您那坦荡的胸怀，渊博的才学，爽朗的言谈，对祖国火一样的热情，使我们一见如故。愿友谊如黄河之水长流不断，如泰山之松青翠不衰。

朋友，乡愁是个无情的恶魔，他能教你眼前的春光变作沙漠。

彼岸，是多么遥远；同胞，是多么亲近。您在遥远的地方，我们的心永远相亲。

在一个美丽的地方长大的人所见都是美丽的，当他们访问另一个可爱的城市，他们不但注意到新的吸引力，同时也才开始觉悟到他们曾经住过的地方的美丽之处。

这里是我的乡土，我认为民族的根就在这里，一切的一切都是从这里产生繁衍起来……

生活在世界上的万物，都有一个相同的归宿。叶落归根，决不是毫无意义的自然现象。

天外飞来吉祥鸟，送来尺素逐心潮。如见您多姿的身影，如闻您动情的歌谣。朋友呵，我心里问候千百声：您好！您好……

她流露出一种没有着落的神情，凡是离开故土，甚至对自己也感到陌生的人都是这样的。

别的地方已经阳光普照，我们这里黎明却还没有降临。然而，纵使世界给我珍宝和荣誉，我也不愿离开我的祖国，因为纵使我的祖国在耻辱之中，我还是喜欢、热爱、祝福我的祖国。

亮晶晶的水珠像泪水似地从天空降到地面，雨是思乡的泪水。

专一属于你的这个国家，只向你呈现最高的繁华，即使全世界都是你的领土，你爱祖国也会超过其他。

阴晴圆缺都休说，且喜人间好时节。好时节，愿得年年，常见中秋月。

别　离

要告别您，却久久不能离去，我的心的一部分将永远留在您的身边。

熟悉的乡音，亲切的话语，时时在我耳畔唤起。昔日的朋友，永不忘记，虽海天相隔却隔不断彼此的情谊。请保存美好的记忆，留待他日的重聚，相连的心，永不分离！

相见时难别亦难，阔别经年，重逢相聚短暂，今日烟雨濛濛水潺潺。

虽说时间是条奔涌的河流，可以冲淡一切，过滤一切，但我却总难忘怀与您离别的场景！

挥挥手，不带走天边的一丝云彩。您就要离去了，我只想时光就此停住……

眼睛里落着别离的雨，心里却充满希望的阳光。

含着热泪，带着思念，怀着真情，您走了，轻轻地道一声珍重，请相信，岁月的浪涛冲不去骨肉的真情，我心中永远留着您春风般的笑容和温暖！

您要启程。您留下友情的小鸟，将依然为我鸣唱；在您整治过的果园里，我将永远闻到您播种的芬芳。

黄昏里，一首淡淡的乡曲，柔和缠绵，牵出了千尺离愁别恨。

这美好的日子，我只想让灿烂的朝阳为你送行，惟愿它送你霞光万丈，为别后的你铺一条镶金戴银的大好前程。

祝　愿

不管我俩身居何地，惟愿常通鱼书雁语；纵然千山万水，难隔深情厚谊，遥祝新春佳节愉快温馨，岁岁平安如意！

　　天底下有这么多人，而我总把祝福第一个送给你。祝你万事如意，身体健康。

　　款款关怀，是我绵绵的祝福；声声问候，愿随花香传送。愿鲜花和绿叶相伴，把你的人生点缀得更绚丽。

　　我为你收集了大自然所有的美，装入信封寄给你。将能说的话都藏在花蕾里，等待重逢时吐露所有的情谊。

　　愿您在时间的长河中成为一艘幸运的船，有顺风亲昵的相送，有阳光的照临，又赢来浪花的献礼。

　　愿幸福、快乐如影随形，永远伴随您；愿进取、成功如日方升，永远激励您。

　　愿我小小的贺卡，像翻飞的彩蝶，织成您五色缤纷的梦境。

　　温馨的气息，恬静的氛围，舒心的休憩，编织成您幸福的生活。祝您永远在这样的幸福之中。

　　我们相聚时的美好情景宛在眼前，虽然现在身居两地，但我们的心在一起。

　　一声亲切的问候，表我怀念的心声；一串长长的祝福，表我深厚的情谊。在这五光十色的日子里，献上我的一片祝福。

想　念

　　我的思念是一只候鸟，天天追逐与您相聚的梦。我的心悄悄地飞向您，思念像蓝天上驰过的白云。归来吧！我的亲人。

　　相思树又绽开了星星点点的鹅黄小花，这是我们用相思的热泪浇灌出来的小花。远方的游子啊！你可看见，那海峡上空的风儿，每一丝都牵挂着我的思念……

　　摘一片红叶，写上几十年的相思，让狂涛投递给你——我海峡那头的亲人。

　　枫叶红了，又到了多思的季节。我用枫叶般的热情向您祝福，愿它为您带来无限的温馨。

　　山泉叮咚，像一把古老的竖琴，日夜弹奏着家乡悠扬的山歌。那飘荡的音符带着我的问候、我的思念，飞出山谷，涌入江海，寻觅着您的身影。

　　天边飘过朵朵白云，我多想把思念化成白云，让它飘过海峡，送给您，我的亲人。

　　飘飘雪花，悠悠情思，望穿了秋水，望断了天涯人的归路……

　　我知道，您无论漂泊到天涯，还是闯荡在海角，身后总有千万条情丝紧拽着您——那就是我们共同的祖国呀！

村头的那棵黄桷树，绿了又黄，黄了又绿。年年依旧，却朝朝暮暮都在翘首以盼，盼望您的归来。

相隔虽远，思念却深；历史虽久，思念切切；长夜漫漫，相思不断！

清晨，我手捧阳光的花束；黄昏，我挥动晚霞的丝巾。站在海边，面向东方，遥望天涯，隔着海峡的亲人啊，您可知道我的期盼？

又是中秋月圆，明月亮照，仰望长空，遥问海峡对岸：是否您也在思念亲人，凭栏望月？

轻轻地，我把一片鲜艳的枫叶夹进信笺，投递给你，但愿那绵绵的思念能像那炽红的枫叶一样长伴着你！

我依然等待您，海峡那边的亲人。岁月虽已将我们的双鬓染白，但唱的却依然是当年的恋歌和心曲！

联　谊

宝岛虽然美丽，但我觉得它好像一叶孤舟，拖着孤独的您在大海上随风飘零。我的朋友，我一定把您拉上彼岸，共同拥抱这属于我们的大地。

"每逢佳节倍思亲"，特别是在这中秋月圆之夜，望那天边星星，是否是您的眼睛。归来吧！远方的游子。

维多利亚的海风已经吹进了祖国的怀抱，我的朋友，在祖国的怀抱里，您是否享受到亲人的温暖和祖国的博大呢？您是否感到从此有了一种坚实的依靠和心的归属呢？

海浪冲不淡我们的友情，高山拦不住我们的携手，我们是骨肉同胞，我们一定会团聚，团聚在黄帝陵边，团聚在黄河边上，团聚在长城脚下，团聚在祖国每一个角落。

望长天白云悠悠，望大海波浪涛涛，有什么能阻隔我们的情，有什么能冲淡我们的心，因为我们是同祖同根。

海天片羽，每一滴深厚的情谊都像珍珠经过千百年磨砺，每一片相望的目光都像浪花托起无数的星辰。

我的亲人，听说现在允许您赴大陆探亲了，我一想到我们很快就会相聚，我的心中简直比我们朝日相望的大海还要激动，几十年的分离，我们从何说起呢？

隔海相望，一个个希望总像那一轮轮鲜活的太阳从大海升起，一个个梦想总像那一片片火红的晚霞在远天落帆。为什么？为什么我们不能共同拥抱大海的太阳，为什么我们不能共同披戴远天的晚霞？

8. 国外友人

抒　怀

谁胸中的火焰烧得最高，谁给予别人的友情最多，谁就最懂得幸福，谁就拥有世界上最宝贵的财富。

来也匆匆，去也匆匆，短暂的相逢结下的友谊，多令人依恋！海内存知己，天涯若比邻，心与心的呼唤是真诚。

欢乐吧！朋友们，不管我们各自身在何处，幸运与欢乐，将时刻陪伴我们每个人！

民族友爱的火炬，被人类文明和智慧的火种点燃，世代相传，并在今天——新时代中越燃越旺，成为长明不灭的美丽篝火！

啊，友情，有了您这座精神桥梁，人类可以冲破不同语言，不同肤色，不同国度的隔阂，联结在一起。

万里长城巍巍，漓江水波光粼粼，黄山云海滚滚，寒山寺钟声阵阵……锦绣中华敞开胸怀——欢迎您！来自五湖四海的宾朋！

联　谊

友谊是世界最美丽的花朵，它能和爱情之花媲美。爱情之花在一家一户，友谊之花香遍天涯海角。

无数颗心组成了世界，正把温暖互相传递。我们享受的是共同的阳光，我们维系的是真诚的友谊。

友谊是一条金色的地平线，把全世界爱好和平的心都连在了一起。

您留下的不是蜜，却比蜜甜；您留下的不是酒，却比酒更醉人。

我异国的朋友，您留下的是珍贵的友谊。

我们相距遥远，身居两片国土，然而阳光普照五洲，友谊属于全球。愿这阳光下的友谊把我们永远联结在一起。

圆圆的地球圆圆的心，我们团圆得比亲人还亲。您唱您的歌，我唱我的歌，只要我们的心是一颗。

春，情满天涯，绿满天涯。您驾着春风来到我国留学，又载着春意学成归国。您的未来，映射着生机盎然的绿色，孕育着丰盛收获的金黄色，满含着梦幻般的玫瑰色……

从您的眼睛里，我看到了一个新的世界，一个充满喜悦、欢乐和幸福的世界。

都说歌声没有国家、民族的界线，那我们就唱一首友谊的歌，让我们的歌声在大地回荡，让我们的世界充满和平和友谊。

您送我的土特产，我说这是洋特产。不管它是什么，总之，它使我们之间产生了深深的友谊，产生了紧紧相连的根须，那才是真正的特产。

您和我相互赠送希望，就像一条长长的河流遍几大洲，就像一片美丽的云飘过广阔的天空，谁也阻挡不住，世界在我们眼里充满了阳光雨露。

祝　愿

皎洁的满月，陪伴我度过漫漫长夜。在这清凉的夜里，有一颗不眠的心在为您祝福，愿您永远像满月般温柔美丽。

让我们真诚地祝愿，祝愿您那生活之花，开放得像玫瑰那样鲜红！

不管我们身居何地、相隔多远，惟愿鸿雁常将书信传递，纵使万水千山，深情厚谊不断。

友谊是世界上最美丽的花朵，它开在您胸中，也盛放在我心上，愿它永不凋谢！

远隔重洋的朋友，让我用最快乐的音符作为礼物送给您。愿健康、快乐、富裕、满足永远与您同在。

落日的余晖映着彩絮，随风托起我的情意——无论你漂流得多远，它将带着祝福，永远伴随着你。

世界像温柔的小船，只要把爱和真善美注入生活。拥抱这属于您的世界吧，愿您永远年轻漂亮！

勉　励

世界上使社会变得繁荣的人，正是那些有勇气在生活中尝试和解决人生新问题的人。我的朋友，愿您做这样一个人。

让我们都放飞一只和平鸽，世界的天空就会十分祥和。让阳光照耀每一个角落，让雨露滋润每一个心灵。

我们应当努力奋斗，有所作为。这样，我们就可以说，我们没有虚度年华，并有可能在时间的沙滩上留下我们的足迹。

朋友们，朝着太阳奔去吧，为了人类的幸福之花快点开放！挡住太阳的树叶能怎么样？树枝能怎么样？拨开它们，向着太阳，努力奋斗吧！

为了我们各自祖国的荣誉，我们在赛场上是对手，但我们因为是对手才成为了朋友，真是不打不成交啊！我多么希望与您切磋切磋球技，希望我们都能发挥得更高更强，把更加精彩的比赛奉献给世界，当然也祝您取得更加辉煌的成绩。

人类意志的品性是重要的；因为意志如果错了，灵魂的活动，将跟着错了；意志如果对了，这些灵魂的活动，不只是没有过错，而且是值得称许的。

顽强的毅力可以征服世界上任何一座高峰。您一定要振作起来，不要被失业和破产所吓倒，重新开始经营人生。

让我们学习信心的力量，那力量能使我们永远生活在对美好的憧憬中，而且在行动上回到现实世界里，但是眼前永远要有那个憧憬。

您不能在一只水杯中掀起风浪，风暴喜爱宽广的平原，在那儿它才可以猛烈地呼啸！

只要您在全力以赴地努力奋斗中，就会在人的心中建立起坚定的信心和信念。

别　离

您到了地球的那边，但并不意味我们远离。现在已是地球村了，我们可以在网上聊天，可以在可视电话里看见，您还可以坐上飞机，早上出发，中午就可以到我家做客。

我们紧握着双手，虽然不是执手相看泪眼，但也相视无言，只有汽笛声声催促。

您伴着太阳的金光飞走了，您总是像流星一样飞来飞去呵！我的朋友，您看窗外飘飞的白云，那就是我满腔的思念。

两只手紧紧握着，传递着两种血液的热烈，拉近了我们两个民族的友谊。

为了学习我国古老深厚的文化，你远渡重洋来到我国留学。你为了回国传播汉文化，就要离开我们了，我没有选择大海边或者飞机场为你送别，而是选择了这杨柳岸边，而此时，杨柳飘飘，轻风拂拂，你是否听到什么呢？

咫尺天涯，海天一水，当你想念我的时候，我就会来到你身边。

太阳洒下了金光，晚霞铺满了海面，沙滩上的脚印记载着我们难分难舍的情形。一声汽笛，大海的浪花终于把您迎接。您就要走了，多么希望您像那太阳重新在大海上升起啊！

我们曾经不分种族、不分国家、不分语言、不分肤色、不分信仰，在同一曲舞曲中热烈舞蹈。今天，你就要离去了，在你归来时，我们再一起进行大联欢，但愿又是一个世界人民大联欢。

想　念

我的思念是一只彩色的风筝。我将它放飞到蔚蓝的天空，然后把那绵长的细线轻轻一剪……但愿它会飘落在您的身边。

我对您的思念，如那繁茂的树叶，一片片一张张都写满真挚而诚朴的友谊！

我的金发朋友，您是否还认得——我已和从前不一样。但是朋友啊，我始终没有把您忘记……

放下又拾起的，是你的信件；拾起放不下的，是我对你的忆念！

什么都会忘却，就是不会忘却您。您在我脑海里像火烙的，似刀刻的，如铅铸的……

我的好朋友，还记得您留学结束回国前那一天的摄影留念吗？我的瞬间意识连同闪光灯一起亮了：您美丽的倩影留在底片上，同时烙在了我心上，永久珍藏。

您又一次喜庆千秋。只见您神采奕奕，满面春风，精神矍铄、精力充沛。

祝你节日快乐！

我们国别不同，肤色不同，语言不同，但我们却相处得亲密无间。

虽然如今您已身在大洋彼岸，我们天各一方，我却要把温馨的回忆，带到您的身边，细诉那美丽的往事，期待那甜蜜的明天。

在您的节日里想到您，献上我最温馨的祝愿，愿您节日快乐，来年无比幸福！

异国的朋友，您亲手在我们乡土上播下的种子，已经长大开花，这芬芳的花啊！这友谊的花，吐露的是我对您绵绵的思念……

9. 节庆

新　年

逢此佳节，送上我一份真诚的祝福，愿你在新的一年里，拥有更安康与快乐的时光，祝你新年快乐。

送一束温馨美好的祝福给你，新年快乐，快乐新年。

常常思念你，在我的心里；默默祝福你，在我的心底。愿你佳节愉快，幸福甜蜜。

亲爱的，新年好！佳节至，情意深，永微笑，蜜甜心。

愿佳节的欢声笑语，永远萦绕于你的心中，飘荡在你的家庭。

千里之遥，我站在僻静的窗台旁，透过新年的氛围，遥望过去的日子。发现时间凝固了，而你是这风景上灿烂的亮点，我用心在这幅画上题写祝福。

这时刻犹如一把钥匙，开启所有日子里的思念。祝福的云朵，正细细说起，我们曾有的棋盘——祝你新岁如意。

泛黄的记忆不易唤醒，但，你的名字却是心弦上最昂扬的高音。在纷坠的雪花里，在轻启的唇上，呈献给你祝福与喜悦，愿你的新年快乐平安！

为了久藏你的影子，在深冬，我给心灵再上一把锁。而如今，在这个春光流溢的节日里，我从锁眼里仿佛又听到自己的声音，祝新年快乐。

这世界除了生命永恒外，还有我们年复一年的不凋的微笑。祝新年如意。

岁月可以褪去记忆，却褪不去我们一路留下的欢声笑语，我们的祝福是无尽的爱意，祝你新春快乐，岁岁安怡！

轻轻推开冬季的窗，静看雪花飘起，于是想起，给你捎个讯息，你还好吗？真是惦记。祈愿你新年快乐甜蜜。

岁月的意象渐渐绿了，嫩叶和新叶的歌，沿着年轮急速地旋转，新年快乐！

最明快的，莫过于一年一度芳草绿，莫过于倾听年轮的呼吸。每逢这种时刻，便簇拥着我们共同的梦境，你我总在梦中嫣然笑语——新年愉快！

此刻，初春中的一种舞蹈，使我想起雪花，我是在绿色的邮筒前，数完了冬天。新年，深深怀念你。

街上弥漫着节日的热情和喧嚣，窗台上的水仙已悄悄吐蕾，楼下的邮差刚刚离去，空气中传导着浓郁的气息。新的一年，我对你投注新的关注和祝福！

丢掉心中的迷茫，抹去眼里的忧伤，新的一年新的路，走呵，鲜花正盛开在你的前方。

这个时节，走出门吧，让目光闪亮地锲入季节的深处，探寻花开的消息。

站在天桥上，看周围熙熙攘攘为节日奔走的人们。心中的一份喜悦，就这么在恬淡的情绪中，融入了对所有爱我的人的深深祝福……

总想问一问远方的你是否无恙，总想听一听那轻捷的脚步声是否依旧。希望你永远快乐！在新年里，你不要改变太多，直至以后的岁月。

你的热情，温暖了我冰冻的心；你的大胆，鼓起了我爱的热忱；你的关怀，激起我感激之情。新年伊始，愿我们透过那爱湖的波光水雾，一起憧憬美好的未来。

生命是一场永无追悔的爱恋，年年岁岁。一束温馨的窗灯，一阵热烈的爆竹，一声由远而近隆隆的春雷，唤醒了岁月的风尘，新年到了！

转眼之间，竟已至寒冷的冬末。在这样一个凛冽的日子里，对你的思念更深亦更浓，但愿你平安如往昔。

请你打开窗，让新春的风吹进你的屋子，让新春的雪飞进你的屋子，让我新春的祝愿，飘进你的心坎。

一年又一年，风风雨雨；一日又一日，日落日起。朋友的厚爱渗入心底。在这新春之际，敬上一杯酒，祝君健康欢欣！

多一份欢欣就多一份美好，多一份快乐就多一份如意。愿节日的欢乐，新年的快乐，永远伴随着你。

两行足迹，吟着长长的诗句；爱的力量，撑着浓浓的冬夜，引我们走进洁白的梦里。祝你新年快乐！

走过漫漫岁月，细数片片回忆。请记得我，就像我时时想起你一般。崭新的一年，愿你平安快乐，美梦成真。

冬给我留下一个梦，尽管神秘，却也香甜。当我睁开眼睛，面前是一个彩色的春天。心爱的友人啊，请与我分享这崭新的一年。

希望最美好的祝福与喜悦，充满你即将来临的一年，在新的一年里，万事如意，吉祥康乐。

笑是力量的亲兄弟。爽朗的笑声，不但产生力量，本身就是力量和自信的表现。在这春光来临的美好时刻，让我们一起放声欢笑吧！

圣　诞

岁月悠悠，时光如流，今朝恰是怀念最多时……且寄予无限的祝福，祝圣诞快乐！

祝福你！健康、富裕、满足永远陪伴你左右，并从这一刻起分分秒秒都有我的真诚祝福。

请记住我至诚的祝福与深深的怀念，愿你享有圣诞老人的一切！

一份小小的贺卡，一声亲切的问候，愿你——佳节快乐，圣诞开心。

愿欢乐的歌声，时刻萦绕着你，使你的人生充满幸福喜悦，永浴于无尽的欢乐年华。祝你圣诞快乐！

在这阔别的岁月里，悠悠思念无限。借此小小卡片，带去我的友情，愿它带给你快乐无数，在这洁白的圣诞节日！

圣诞节踮着脚尖，轻快地走来，请迎着她轻轻地、轻轻地说出你心中的期待。

圣诞，道不尽我对你晶莹的祝愿！

且借箴言般的圣诞钟声，传达我至深的情怀。

在这严冬愉悦的节日，愿借这张小小的卡片遥祝你——平安、幸福。

平安夜，报平安，如果今夜祥和的旋律从你的梦中流过，那么你是否想到，是我跨越关山千万重来入梦。

在美好的节日里寄上我一份真挚的祝福，愿圣诞老人把它们全都送给纯洁无瑕的你。

这节日犹如一把钥匙，开启这些日子里的想念。祝福的花朵，正细细说起我们曾有的期盼——祝你圣诞快乐。

又逢圣诞，寄上我一份诚挚的祝福，愿你拥有更健康、快乐、幸福的未来，祝你圣诞快乐！

钟声划破宁静，欢乐荡漾四方。又一个洁白的圣诞，多么令人神往。

忘记了问你：是否一切平安无恙？我的祝福在时时轻叩你美丽的门扉，不论春、夏、秋、冬……亦不管阴、晴、风、雨……只为了这圣诞之夜！

深深的情谊与祝福，绵绵的思念与问候，在这美好的日子，把祝愿，随着卡片带给永远的你。

　　闭上眼睛，我小小的心愿会在圣诞的晚钟里飞临你的窗前，和你新年所希冀的梦幻轻轻地重叠……

　　圣诞在天色熹微中来临。看最后一颗启明星，徘徊着迟迟不肯归去，我的心充满着温情。朋友，什么也不用说，携起手，沉默或许就是一支最美、最动听的歌。

　　圣诞的钟声开启我的心扉，别惊讶这一路芳草凄迷，怀念的季节中，心香原就是为你绽放的呀！

　　圣诞的钟声中唤醒爱的心灵，只有爱——是一颗永恒的北斗，照亮我们的来路和我们的归途，让我们彼此珍惜！

　　祝福圣诞！愿教堂银白色的合唱，轻拂你娴雅的衣裙，让你感受其中我的一份安谧平和的爱意。

　　我相信，能够成为祝福的，就是我们需要的；我相信，能够祝福的，都是可爱的。在至爱的圣诞节，我深深地祝福你！

　　在流逝的时间前请凝神倾听，钟声来自远方，仿佛有鸽群带着你的讯息，扑腾着落满我的屋檐，深深地祝福圣诞快乐。

　　这是分享快乐的节日，是祝福、给予的节日，是友情、梦幻成真的节日，愿你享有一个快乐的圣诞！

　　祝福的细语轻敲耳畔，让幸福伴着圣诞老人悄悄地降临，永远环绕着你。

　　银铃轻响，是祝福与思念的节日哟！捎递一声问候，但愿你——圣诞平安如愿，一年比一年更美好。

　　请把圣诞温馨的情绪，播向冬季阴郁的天幕，那么这个季节里，雪地便也有了美丽的寻觅，结冰的云层也将伸展双翼。让我们，以全身心的真诚，投入这个圣洁的节日里吧！

　　在这甜蜜的节日里，送给你一份我日日夜夜的思念，一张美丽的贺卡，代表我绵绵的祝福，愿你分分秒秒，都是欢乐的时光。祝你圣诞快乐。

　　在这童话般的树林里，保留着许多我们共同拥有的鲜花与小草。在这个愉快的圣诞佳节里，给我最亲爱的人。

　　我等待着，等待着，我们两个人的节日诞生。祝你圣诞快乐。

　　落日余晖，映着彩霞，迎着微风，向着天际。丝丝柔柔的微风，传去了圣诞的祝辞，飘向远方的你。带去祝福的讯息，愿你度过这美好的佳节。

　　在这欢乐的时节给你我最真的祝福和亲切的思念，愿你今年的圣诞比往年更璀璨！

　　愿明亮喜悦的圣诞烛光温暖一年中的每个日日夜夜，祝你欢欢喜喜度圣诞，高高兴兴过新年！

圣诞是这样美好的时光：炉火熊熊，花儿芬芳，醇酒飘香，殷殷祝福，美好回忆，恩爱日新。即便没有一切，只要有爱便足矣。

愿知道圣诞节会不断来临的人们，忘却和宽恕以往地一切不快，让我们携手共进吧！

无尽的爱恋与祝福，献给我的爱妻，你永远是我珍贵的圣诞礼物和我的一切！

圣诞是最有人情味，充满仁爱的时节，它如同阳光明媚、玫瑰吐露芬芳的六月。

圣诞快乐，恭贺新喜！

在这辉煌快乐的圣诞佳节，献上一切美好的祝福！祝一切顺心如意！

愿温馨的祝福，幸福的思念，在圣诞佳节来到你身边，伴你左右。

祝老师圣诞充满平安和爱。

春　节

爆竹声声辞旧岁，银花朵朵庆新春。

天增岁月人增寿，春满乾坤福满门。

春已归来，让我们打开蜂箱吧，那里有储存一冬的甜蜜，共同享受新春的快乐。

乍暖还寒时节，有一个消息从树梢上走漏：新春款款而至，且寄予深深的祝福。

春节愉快。这样的节日，如牧歌里的炊烟，飘在古老的东方。条条，都是欢迎你的归途。

一支鞭炮，响起一个季节的旋律；无数串鞭炮，回响着庄严的和声。时光就流动在这个乐章里，无限扩展，如一群不速之客，叩响我们的心扉。让我们彼此祝福，日日、月月、年年。

祝福是一束鲜花，祝福是一份深情，祝福是一份责任。在辞旧迎新之际，我把这一片祝福寄给你。

欣逢春节，倍加思念，愿所有属于我们的日子，永远洋溢着新年的喜悦与欢乐。

春雨，像无数的珍珠，一颗一颗散落下来了！嫩芽，在无数的枝头，一颗一颗绽开了！快张开你的双臂迎接吧，春天，来临了！新春是多么快乐！

仿佛跋涉在浩瀚无垠的沙漠，蓦然发现一片绿茵茵的芳草，一眼清凉凉的泉水。啊！这芳草，这泉水，便是你，便是你的友情！我们的情谊像新春的花花草草。

让我们拥有比宝石更光辉的真诚，比珍珠更纯洁的信任。祝您新

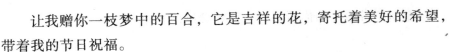

春愉快。

如果说人生如梦的话，我的心愿是希望你把梦变为现实，变为新春的风光无限。

朋友，岁月的流逝不仅没有使我们变得陌生和遥远，反而使我们的心灵靠得更近，变得更亲！祝新春愉快！

寒辞昨冬雪，暖迎今春风；共欢新故岁，喜庆一宵中。

我将怀友之情寄予流星，飞向你——我日夜思念的友人。我的心如三月的雨，细如烟，轻如絮，只愿在这万众欢庆之时你能快乐。

让我赠你一枝梦中的百合，它是吉祥的花，寄托着美好的希望，带着我的节日祝福。

愿你在这新春佳节里，充满绿色的畅想、金色的梦幻……

在这特别的日子，向你致以新春的祝福，希望不久我们能相聚一起。

祝你在新的一年里身体健康，多福多寿。

牵起手来，让心中燃起感情的烈焰，驱走命运留下的寒夜。让我们用心高呼：春节好！

在雪融化了的地方，有着温馨的大地气息；在斜射的太阳底下，云雀天真浪漫地唱着歌；在节日到来的时候，我默默地为你祝愿，愿你的来年更美丽、可爱——祝春节快乐。

恭贺新喜，并祝身体健康，事业有成，春节愉快。

春天来了，给我一树碧绿的柳梢，岁月的协奏曲中，我吹着它，把一串古老的音符，送给远方谛听的你……祝春节更美好。

祝新年快乐，并愿你幸福吉祥，前程似锦。

愿这和煦的春风，带去温暖，欢乐与幸福，洋溢在你的每一寸时光中。祝你春节快乐，如意。

愿新年带给你和你所爱的人许多美好的事物和无尽的祝福！

愿，春节的欢声笑语，永远萦绕于你的心中，飘荡在你的家庭。

清晨初现的第一道曙光，是我一天祝福的开始，祝你春节快乐！

请你打开窗，让新春的风吹进你的屋子，让新春的雪飞进你的屋子；让我新春的祝愿，飘进你的心坎。祝春节瑞气祥和。

回忆拖着过去的影子，几多温馨，几多离愁。愿在春节的这一天，只有温馨，没有离愁。

愿你的生活，在春节里洋溢甜蜜、温情和芳香。

走过漫漫的岁月，细数片片的回忆。请记得我，就像我时时想起你一般。崭新的一年，愿你平安快乐，美梦成真。祝春节快乐！

又逢佳节，寄上我一份诚挚的祝愿，愿你拥有更健康幸福快乐的来年，爱情甜蜜，人生完满。

"同声相应，同气相求"。共同的人生志趣把我们紧紧联系在一起。祝你佳节愉快。

世间最可贵的就是今天，最易丧失的也是今天。愿你在未来的一年中，无限珍惜这每一个今天。

人一面对现实生活，就会成熟许多，随之而来也就是烦恼增多。但愿辞旧迎新的钟声给你添上的是天真浪漫！

铃声送走旧岁，铃声迎来新春。快乐的铃声，响彻雪野；残年正消逝，放它走吧！铃声送去无奈，铃声带来真情。

母亲节

人类一切美好的东西都来自太阳之光。没有太阳，花儿就不能开放；没有爱情，就没有幸福；没有女人，就没有爱情；没有母亲，就没有诗人和英雄。

亲爱的妈妈，愿许多欢乐的时刻，都属于您；让生日充裕的闲暇，把幸福带给您……愿这些表达至深之爱和无比欢乐的语言，带给您生日的祝福充盈整整一年。

　　您是我脚下给我生命并抚育我成长的大地，虽然您没有被写进一首诗，没有被唱入一曲词，但我却深深地爱着您。

　　特别欢乐的一天，送给特别的您——母亲。

　　妈妈的笑容是温柔的，荡起一澜清水，唤出童真的陶醉；妈妈的笑容是纯圣的，掬起一捧爱露洒落在我的身上，使我痴痴地体味生命的甘泉。

　　天涯海角，无论我走到哪里，眼前总有您慈祥的笑容，慈爱的目光。母亲，您是我心中不倒的丰碑！

　　愿您的人生充满着幸福，愿您在人世获得喜悦，永远沐浴在无尽的欢乐年华中。

　　当您看到我的节日祝贺，您会发现它给您带来最温馨的思念和祝愿，愿您度过非常愉快的一天。它给您带去这一年属于您的全部的爱，因为有您这样一位好母亲，是我最大的愉快！
　　祝您节日快乐。

　　母亲对于孩子是第一所学校，她自己能理解她的孩子的个性，了解孩子的倾向、爱好，从而能照顾他，鼓励他，为他做准备，给他指明前途。母亲是伟大的！

　　因为每次想到您总有说不完的爱，所以一遍遍的祝愿都情深意长。先说声"节日快乐"，更愿天天愉快，再祝您事事顺心，必然幸福久长！

献给您无限感激和温馨的祝愿，还有那许多回忆和深情的思念。

在节日前夕，我愿献上最真诚的祝福，愿我的祝福像一首诗、一支歌，给您一份安慰，一份喜悦。

母爱是世界上无与伦比的伟大力量，这种爱凝聚成了我的勤奋、毅力和意志，它永远闪耀在青春的光芒之中。

妈妈，您用生命和爱燃亮了这点点烛光，祝您长寿！

节日快乐！妈妈，我们希望能用最好的话把对您的感谢亲切表达。感谢您给我们全部的爱，还有体贴和关怀……

献上天天都属于您的赤诚的爱心，寄上声声都祝福您的亲情。亲爱的母亲，节日快乐！

您的脸上爬上了皱纹，鬓角泛起了霜花，为了我们，您付出了一切，透过您额角的皱纹还有银鬓华丝，我看到了您胸中一颗水晶般的心。

您用爱培育我，用心关怀我，有您，我方感到生命的色彩和世界的温暖。您是我人生的第一位老师，您是我心中永远的神灵！

教师节

有人说，老师的生活太清苦、太艰辛；而您却说，您最富有、最充实、最满足，因为您心中有千千万万让您牵挂的学生！

一份诚挚的祝福，代表一颗充满感激的心。愿您的喜悦、您的愿望，在您打开这小小卡片时能够同时满足！

当您无私地奉献出这一切时，幸福的光圈也就降临到您的眼前，因为这世间真正的幸福，不是接受而是给予！祝您节日愉快！

博览群书，兼听众人；不分亲疏，无论尊卑；正直温和，幽默风趣。老师，这就是您生活的信条，工作的哲学，事业成功的奥秘！我们深为有您这样一位良师益友而骄傲和自豪！

老师，您用才识和智慧获得同学们的仰慕，又用平易和坦荡取得同学们的信任，您热爱自己的事业如同热爱这世上一切美好的事物，那样执著，那样深沉，您用一生的心血创造着灿烂光辉的明天！

太阳无语，却放射着光辉；高山无语，却体现着巍峨；蓝天无语却表露出深远。老师，您勤于做而寡于言，这些都显示着您的不凡，您的广博，您独特的风度，您独特的品格！

将殷殷的祝福，浓浓的谢意，借这张小小贺卡，捎给在母校的您。祝福您在如诗如画的日子里，永远平安，永远心怡。

人们常以蜡烛喻教师，我却以火柴自喻。蜡烛似乎太感伤，而火柴则贵在点燃莘莘学子的智慧之火，发出烨烨光焰。老师，祝你节日愉快！

老师，您还记得我吗？那个顽皮而不懂事的孩子。当您收到这张贺卡时，就像我在您的身边。一道美丽的彩虹，正架着我和您的心灵桥梁。

不管是白天还是夜晚，我都会在心中珍藏着您给予我的那缕燃烧的阳光，我将为这份拥有而永远骄傲！老师，我诚恳地祝福您：桃李满天下，春晖遍四方！

老师，您满怀爱心地辛勤浇灌着我们这个温暖的大家庭，使我们这个世界每一分钟都拥有欢笑、歌声和阳光！

多想再一次注视您的目光，多想再一次倾听您的讲课，多想再一次紧握您的双手，衷心道声"谢谢"，用我所有的真诚。

无数人因为您孜孜不倦的启蒙，才焕发出那惊人的睿智、聪明，这一切都化作巨大的能量、财富，而您却依然安于两袖清风，一生清贫，但你在节日里最快乐！

我说：教师——人类灵魂的工程师，对人类进行美的雕塑、美的陶冶；我说：教师——手拿金钥匙的人，把灿烂辉煌的知识宝库打开！

在我们从幼稚走向成熟，从愚昧走向文明的路上，老师，您用生命的火炬，为我们开了一条成长的道路。

您是一盏路灯，照亮我们人生的旅途；您是护花的使者，培育出鲜花万朵，色彩缤纷。

老师，我们身上散发着智慧之光，永远闪烁着您亲手点燃的火花。

　　江河把我们推向浩瀚的大海，曙光给我们带来明媚的早晨。亲爱的老师，您把我们引向壮丽的人生。

　　老师，与其说您在培育祖国的栋梁，不如说您就是祖国的栋梁。正是您，支撑起我们一代人的脊梁。

　　人生旅程上，您丰富我的心灵，开发我的智力，为我点燃了希望的光芒。谢谢您，老师！

　　老师，您是海洋，我是贝壳，是您给了我斑斓的色彩……我当怎样地感谢您！

10. 生日

同　学

　　想送你一个甜蜜的祝福，还有那么一点点贴心的关怀，在不同的日子里，愿无数的快乐和温馨永远伴随着你。

　　虽然在每一个日子里，都有我无限的关怀和祝福，但在这属于你的日子，最重要的还是真挚地向你说声：生日快乐。

　　星星闪着光芒，烛光溢着异彩，鲜花吐着芬芳，还有我们的歌声，都在为你的生日祝福。

　　当生日的步伐向你走来，鲜花、美丽献给你，家人的祝福送给你，我祝你生日快乐的歌声也飘向你。

生日的蜡烛点燃了，照亮了你，也照亮了我……愿你用微笑，迎接青春的岁月，迎接火红的年华。

这芬芳四溢的花朵是我的心，系在你如画的梦中，像只黄鹂清唱着小夜曲，在你的梦中不断歌唱，飞翔。祝生日快乐！

在这特殊的日子，寄上心花一瓣，这瓣带露的心花，将你多彩而轻松的生活装点。

18岁了，我们告别了幼稚，但求天真不要随之而去，让纯真的童心与青春结伴同行。祝生日快乐！

18岁，令人目眩神迷的年龄。它是热烈的、欢乐的、引人深思的岁月，它跨在人生过去与未来的交叉点上……祝你愉快地度过18岁生日！

18岁，令人羡慕的年岁。你跨过青春的门槛，走进青年的行列。在你18岁的生日来临之际，祝你青春焕发，大有作为。

是庆祝你生日的时候了，祝福美丽、聪颖的你生日快乐！

在你生日之际，向你致以亲切的祝贺。生日意味着一个新的开端，意味着重新把握生活的机会。

为你点亮烛光，这是希望之火，是前方的旭日喷薄。祝你生日快乐！

愿我的祝福和着你的期待，化成五彩的世界。生日快乐！

蜡烛点起，蜡烛吹灭，蛋糕切开，笑一笑，留个纪念，闭上眼睛，在心中许个愿——愿蜡烛别全灭，还须留下些傻傻的童年……

愿增加一岁便添一份美丽和快乐，祝你生日快乐！永远，永远……

送你一份礼物，表我一曲心声：年年长相知。祝你生日快乐！

我心灵的美酒已经溢出，为你的生日干杯！

愿你年轻快乐的心，在生日这一天尽情欢畅，在生日以后的每一天自由飞翔。祝你生日快乐！

16岁，火一样热情，泉一样清纯，诗一样浪漫，风一样宜人。祝福你，走入这花一样的季节。

喜悦幸福的岁月长留，温馨甜蜜的时光永驻。祝你生日快乐，欢乐无限！

让幸福的花都在今天开放，让所有的欢乐与温馨，都围绕在你的身旁。祝福一束，小礼一份，以最诚恳的心意，为你献上浓浓的祝福。

老　师

春风化雨，霞光万道；翠草萋萋，秀木萧萧。丛林里传来杜鹃声声：老师您好！老师生日愉快，愉快，愉快……

渺渺银河，您带我们泛舟；浩浩星海，您领我们鼓浪，刺破蒙昧的冥幕，挑开无知的翳障。伟大的老师呵，请接受我们深深地生日祝福！

曾经接受您丝丝缕缕的浸润，荒芜的心才绽放出花朵。亲爱的老师，请接受我衷心地祝福，祝福您拥有快乐无比的生日。

敬爱的老师，请收下这张生日卡，请接受学生对您的一颗心，但愿它如鲜花，给您的生活带来快慰。

让我为您欢笑，让我为您祝福。敬爱的老师，在您生日的今天，我的心跟您一样欢腾，快乐。

祈愿所有属于您的日子，像妍丽的花朵，在春风中——绽放光彩，祝您生日快乐！

但愿我最虔诚的祝福，带给您无比的欣慰。谨祝老师生日快乐，工作顺利。

讲台上数十载勤恳的耕耘，教鞭上系着沉重的艰辛，把人生的春天给予了桃李，留给自己冬的洁白，雪的晶莹，冰的纯净……祝您生日快乐！

老师啊，如果我是春风，定要去追回那逝去的年轮，让您的银丝变成黑发，愿您永远年轻！祝你生日快乐。

三尺教鞭，伴君岁月知多少？讲台不朽，镜里容颜老。最爱中华，展翅腾飞早。雁衔来，学子痴情，尽道吾师好。祝你生日快乐！

父　母

又一个匆匆四季，请盈满您的杯，为在雨打蝉鸣叶落风啸中盘桓绵延的年轮，深深地道一声祝福，生日快乐！

祝贺您的生日快乐，我也沉浸在幸福里。愿生活中鲜花朵朵，永远开在您的心里！

在您的生日想到您，献上我温馨的祝愿，愿您在想到寿辰吉日之时，也是您得到一切欢乐之日。生日快乐！来年无比幸福！

您以爱心，为我们建一个温馨的世界。祝福您，我亲爱的母亲，生日快乐！

我到过海角天涯，最爱的地方是我的家，因为家里有你——我亲爱的妈妈。祝您生日快乐，愿您天天幸福。

对于我们来说，最大的幸福莫过于有理解自己的父母，我得到了这种幸福，并从未失去过。所以在您的生日，我将要向您说一声：谢谢！

母亲的爱是火热的，父亲的爱是深沉的，只有拥有这全部的爱，才是真正的幸福，祝您们生日快乐！

祝我美丽的、乐观的、热情的、健康自信的、充满活力的大朋友——妈妈，生日快乐！

一份最最特别的祝福，给一位最最特别的朋友——爸爸。虽相距遥远，但仍不忘寄上一份诚挚地问候，给您的生日晚宴增添一束别致的喜悦。

总愿意在镜中看见母亲，眼中闪动着异样的光芒，现在我长大了，母亲的黑发却似枫叶上的寒霜，<u>丝丝缕缕的白发在两鬓间闪现</u>。您老了，妈妈，但您在我心中还是那么美丽，不管我已为您祝福过多少生日。

火总有熄灭的时候，人总有垂暮之年，满头花发是母亲操劳的见证，微弯的脊背是母亲辛苦的身影……祝福年年有，祝福年年深！

献上天天都属于您的赤诚和爱心，寄上声声都祝福您的亲情，亲爱的妈妈，祝您生日快乐，永远快乐！

母亲爱在清风里给我讲《海的女儿》，告诉我《老人与海》的故事，风温柔地抚摸着母亲的秀发，我幼小的心灵里，觉得母亲是一尊女神，在这生日的摇曳烛光中，妈妈更加圣洁和美丽。

亲爱的父亲，您的正直、朴实、勤奋，影响着我的人生之路，我为有您这样的父亲而骄傲！您用优美的年轮，编成一册散发油墨清香的日历；年年，我都会在日历的这一天上，用深情地想念，祝福您的生日。

亲爱的妈妈，在您生日这天我想对您说，您的言行使我的生活变得绚丽美妙，我对您是多么感激，有您这样一位母亲我很自豪。祝您生日快乐！

心底的祝福是为了您的寿辰，但爱却整年伴随您左右！

您用母爱哺育了我的魂魄和躯体，您的乳汁是我思维的源泉，您的眼里长系着我生命的希冀。我的母亲，我不知如何报答您，祝您生日快乐！

为您这样慈爱的父亲祝寿，即便最好的祝福也不足以表达我的问候，想到您对我那样宠爱，衷心祝您的生日比哪年都愉快！

今天是您的生日，爸爸，仅仅一句"生日快乐"不足以表达我对您的敬爱，您曾给了我那么多的安慰。愿您生日快乐，天天快乐！

朋　友

但愿您的生日是通向幸福之殿的大门，愿我的祝福永远环绕着您，带给您满心的喜悦，伴随着您无限美好的未来。

柔柔的微风中，伴着小鸟的歌声，带去我真诚地祝福；蓝蓝的晴空里，借着漂泊的白云，送来一声知己的佳音；在你生日之际，祝福你；新年新岁新快乐！

在生日的烛光里，我会送你一张自制的小卡。虽不美丽，也很粗糙，却是我一片浓浓的心意。

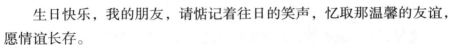

　　青春的脚步在延伸，如涓涓细流憧憬大海。驻足生日的驿站，回味昨天，人生如水，友情似潮！

　　没有你温暖的友谊，我不会如此深爱这个世界。谢谢你，我的朋友，愿你天天快乐似今日。

　　五彩缤纷的世界，只有友情最珍贵。在这属于你的日子里，祝你快乐！

　　酝酿长久的、友谊的祝福，在你生日时深情地送给你——我最要好的朋友，快乐、幸福永相随。

　　生日快乐，我的朋友，请惦记着往日的笑声，忆取那温馨的友谊，愿情谊长存。

　　在你生日里请开启这久酿的祝福，虽只是一份情谊，却是我诚挚的心灵。请珍惜我们友谊的情怀，更兼一段知遇的时光。生日快乐！

　　在那祝福的歌声中，你可听到有一个声音来自远方，祝福你，我的友人。愿这生日的声声祝福，带给你好运，带给你幸福，带给你事业的成功。

　　在你生日的这一天，将会有一只美丽的鸽子，飞临到你的窗前，请你接受它的到来，它带着我对友人生日的祝愿。

　　此时此刻，你的身边，一定有许多爱你的家人，请为我的祝福留一寸空隙——在你的心。好友，祝你生日快乐，愿你的生活时时似此刻，充满温馨。

献上最美好的祝福，给我最亲密的朋友，祝你生日快乐！

串一串长长的珍珠，每一颗，都含有我一个真挚的祝福，赠与你，我最亲密的人，祝你生日快乐、幸福！

365 天，天天相见，最愿见到的，是你生日这一天；交谈过的话语千千万万，最愿说的是对你生日的祝愿。生日快乐，我的伙伴。

愿四季中世界上所有的花，今天开得最娇艳，为我的友人送上，生日的祝愿。

老兄，开一瓶香槟，在你我各自的住处，为你的生日，我的祝福，干杯！

每年，你都有一个新的生日；每年，你都让自己去远航；每年，你都会比逝去的时光成熟；每年，你都使事业有新的收成。

这是巨大的成功，请接受我衷心地祝贺和最美好的祝福。

园中为你栽满簇簇芬芳，期待着与你共度欢乐时光。生日快乐，可愿与友人共享？

声声祝福，深深情谊，请小溪带着这一切，流过你的家门时留给你。祝福你的生日。

　　将我一份温馨的祝福，将我一份深深的怀念，寄予星星，托予月亮，带给远方的你。祝你生日快乐！

　　给你我特别地祝福，愿它每分每秒都带给你健康、好运和幸福。希望这是你度过的最美好的生日！

　　世上如有诤友，那就是像你对我那样关怀的朋友。
　　祝你生日快乐！

　　寄予一份温馨的祝福给我心系的友人。当快乐是一个甜蜜的回忆时，愿你所有的日子都像今天这般洋溢着欢笑。

　　在这鲜花盛开的季节里，最美丽的，是我好友生日的这一天。祝你生日快乐，愿你生活中的每一刻，花开都鲜艳。

　　此刻我们坐在年轮上碰杯，祈祷岁月，把酒放歌，祝生日快乐！

　　岁月悄悄地流，逝去的已不属于我们，只要明天不再犹豫，阳光又会播种生命的绿色——生日便是一个新的起点。

　　天空中飘着吉祥的音乐，愿它带给你安康、幸福，愿你的生日充满欢乐。

　　在这个世界上，不论我再活多少年，结识多少朋友，我深信再也找不到另一个你。祝你生日快乐！

　　认识你真好，我的朋友！我珍惜我们相识的缘分，更珍惜我们彼此的诚意！谨祝生日快乐！

请接受我送给你的生日小礼物，它是思念和友谊的象征。生日快乐！

自相识之后，生活便觉多姿多彩，关怀和爱护，使我不能忘记。衷心祝愿你生日快乐！

在你的生日里，真心送你一叶轻舟，把我的友情装进白色的船舱，扯起风帆随风送进你的记忆！

11. 祝贺

学　业

祝贺你毕业，并致以最美好的祝福。愿这一天成为不断取得更大成就的新的开始。

由于你在大学的优异成绩，我们深信你无论从事何种职业，都将获得同样的成功。

让我们黄金的青春，放射出不可磨灭的光彩，把握现在吧！祝你高考成功！

非常高兴地得知你在比赛中获得二等奖。知道你在州级范围的比赛中进入优胜者的行列，感觉好极了。

在你毕业之时，我们急切地分享着你的快乐，并向你致以最衷心地祝贺，愿你在来年取得非凡成绩。

光阴不等人，须臾成发丝。人生能有几回搏？相信自己，祝你金榜题名！

请允许我祝贺你以优异的成绩毕业。毕业只标志着教育的一个阶段结束，绝不意味着终止学业，而是一种新的、更为广泛地学习的开端。

最热烈地祝贺你获得大学奖学金，并衷心祝你不断取得成功！

我们大伙都怀着十分高兴的心情向你在演讲比赛中获奖表示祝贺！我知道没有什么人比你更应当获此荣誉。

你已满意地实现了一项终身抱负，可以在自己的名字后面注上"博士"了，你一定很高兴，也很自豪吧。祝贺你，并祝你在未来的日子里幸福、成功！

在知识海洋的底层，与生活海洋的底层一样，是一片无比神奇的世界。愿你勇敢地潜到那儿去，去探求这神秘世界的无穷奥秘！

怀着由衷地高兴祝贺你考试过关！获悉你努力学习已结硕果，真是一件大喜事。

书籍就像一盏神灯，它照亮人们最遥远、最黯淡的生活道路。

179

我们要永远像早晨出海的太阳，而不要像傍晚要落山的太阳。为了我们伟大的理想，奋斗吧！相信你一定能考上理想的大学，祝福你！

书籍是最好的朋友，当生活中遇到任何困难的时候，你都可以向它求助，它永远不会背弃你。

愿你的生活如艳丽的春天，永远充满馥郁的花香；愿你的心灵如晶莹的水晶，永远闪烁纯洁的光芒；愿你的学习干劲如坚定的牵牛花，永不泄气地攀登知识的高峰。

在你获奖之际，请接受我热烈地祝贺，并祝愿未来你对人类的崇高贡献得到更高的赞誉！

获　奖

我深信你这次获奖只是你未来岁月中将要获取的许多荣誉中的第一个。

你在这个领域取得了出色的成就，受到奖励当之无愧。

祝贺你在学校举行的作文竞赛中获奖，希望你今后还有更多像这样的机会。

怀着极大地喜悦心情，我热烈祝贺你由于你的创造性工作而荣获科技成果一等奖，这是你多年艰苦努力、进行无数次实验的成果。祝你在今后的事业中取得更大成就！

我以最热诚的祝颂，祝贺你获北京大学奖学金，那是你应该受到的奖赏。

我深信你定会为你的荣誉而感到无比的幸福和自豪。

人人都说，你获得该奖受之无愧。这说明，你杰出的学术造诣和献身科学事业的精神，已经赢得了大家的公认。非常高兴我能分享你的荣誉和骄傲。

成　　功

很高兴获知你成功的消息。你的勤奋加上你的天才会给你创造一个广阔的天地。

衷心祝贺你取得的成就，实现你自己确定的目标真是太棒了，祝你取得更大的成功。

让我对你的成功表示衷心地祝贺。

你实现了毕生的理想真是太好了！祝贺你的成功，并祝未来幸福如意。

请让我利用这次机会为你的成功表示祝贺。

成功的秘诀在于做你能做好的一切和做好你所做的一切。希望我是第一个为你的出色研究表示祝贺的朋友。

得知你实现了预定的目标，我极为高兴。

181

幸福不在于拥有金钱，而在于获得成功时的快乐，以及产生创造力时的喜悦。

刚刚获悉你成功的消息，向你表示衷心地祝贺，并祝愿你今后更加飞黄腾达。

请允许我对你的成功表示最诚挚的祝贺！

祝贺你的成功，并致永久的最良好地祝愿。

出色的工作体现出精心地计划和辛勤地劳动。

衷心地祝贺，最良好地祝愿，一起献给你。

任务艰巨，而你却敢于承担，赢得了声誉。

再　见

再见吧，朋友们，我将把你们全都牢牢地印在心里。祝你们一路顺风。

我们怀着依依不舍的心情为你送行。愿你无论在何方，无论从事什么，都一切顺利。祝一路平安！

向你说一声格外亲切的"一路平安"，
愿你尽情享受旅途的愉快，
事事顺心，心儿舒展。

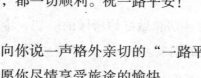
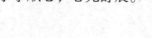

对像你这样的人说再见，怎么也不容易，因此不说"再见"，只一声"暂时分手——事事顺利"。

我们怀着依依不舍的心情为你送行，祝你在归家途中一路平安，希望不久的将来能再相会。

在临别之际，祝你一路平安，身体健康！

祝你一路平安，旅途愉快！

不论你到什么地方，不论你多忙，你都要把诸多良好祝愿带在身旁！

新地方和新面孔、新风光、新行当，过得欢畅，旅途平安，一路顺风吉祥！

12. 送物

送贺卡

愿我的贺卡加入祝福的行列，愿每一片美丽的花瓣象征您闪耀的希望。

轻轻的问候，温馨的祝福，陪伴着这卡片，带给您……愿所有属于您的日子，永远充满喜悦和快乐……

遥寄贺卡一张，愿它像一朵彩云，飞越万里海洋，送上亲人的情意，送上故土的信息……

一份诚挚的祝福，代表一份细腻的心愿，让您的愿望，您的喜悦，在轻轻地启阅卡片时能获得满足。

留不住的时光，年龄的递增赋予您的是成熟；而留得住的只有这张温馨的卡片上，涂抹得不标准的诗句，带去我诚挚的祝福。

星星点燃您生日的烛光，鲜花相拥在您的身旁，在您欢乐的生日之夜，请接受我小小的贺卡一张。

送 礼

您慷慨地赠予，不只是物质的资助，而且是精神的支持，使我的心湖涌起了感激的涟漪。

在我困难的时候您伸出过无私的手，在我痛苦的时候您奉献过真诚的心，在我失望的时候您伴我同行。啊，在未来的岁月里，我愿把硕果捧给您。

你的好意和所赠之礼，让我感激之情难以言表，这是友谊和关怀的象征，使我深为感动。

请接受我送给您的小小礼物，礼轻情谊重，它带着我的思念和最美好的祝福。

这小小的礼物并不能说明什么，但它却承载着我们深厚的情谊。

　　我送您一个储蓄罐，让它装下我的贴心话。思念的时候，摇一摇，那温馨的回忆，会给你诚挚的祝福！

　　送　书

　　热爱书吧！这是知识的源泉。只有知识才是有用的，只有知识才能使我们在精神上成为坚强、忠诚和有理智的人。

　　书是最好的朋友，现在如此，将来也永远如此。

　　惟有读书学习，才能使人聪明；惟有努力，不断地努力，才会成功。

　　知识是我们的导师，书籍是我们的教师。

　　书是神圣的伴侣，精选的书籍是终身的朋友……只要轻轻一翻，它便会和我们心心相通。

　　真心实意地爱书吧！它不仅是你的良师益友，还是你的终身伴侣。

　　书虽小，但如同闪烁的宝石，在微小的颗粒中蕴藏着巨大的价值。

　　书里不仅有欢乐和智慧，更有取之不尽的知识宝藏。

　　呵！书籍，你是宫殿里的金杯……是擎在手中点燃着的明灯。

　　生活里没有书籍，就好像没有阳光；智慧里没有书籍，就好像鸟儿没有翅膀。

书，这是这一代人对另一代人精神上的遗言，这是将死的老人对刚刚开始生活的青年人的忠告，这是准备去休息的哨兵对前来代替他的岗位的哨兵的命令。

书，要算是人类在走向未来幸福和富强的道路上创造的一切奇迹中最复杂最伟大的奇迹。

每一本书像阶梯的一小级，每攀登一级，我就愈脱离动物走向人。

书就是千里眼、顺风耳、望远镜、显微镜；书就是科学的总结、智慧的源泉、生活的指南，给人以开启百科知识的万能钥匙，提供了认识客观世界和主观世界的途径和方法。

不去读书就没有真正的教养，同时也不可能有什么鉴别力。

浓厚的智力、兴趣、气氛促使我们去阅读，而阅读是使我们学得更好的最重要的补救手段。

书籍是苦难的甜蜜的无可非议的伴侣；即使它不能把我们引向幸福，至少也可以教我们去忍耐艰苦的生活。

捧读一部从未读过的杰作，就像结交一位新知；重温已读过的书籍，犹如与老友重逢。

好书愈读趣愈浓，良友愈交情愈深。

一本新书像一艘船，带领着我们从狭隘的地方驶向生活的无限广阔的海洋，愿你在知识的海洋中乘风破浪。

书籍是人的思维之花、实践之花、生活之花，具有永不衰竭的活力。

罪恶的书，给人带来祸患；伟大的书，给人类带来光明。

理想的书籍是智慧的钥匙。

送　花

愿这些美丽的花朵在你沮丧时，带来一点喜悦。

送你一束夜来香，盛开在你梦的羽翼上。

为了昨天，我该送你一束玫瑰；为了明天，我该送你一片红叶；为了现在，我该送你一串祝福。

当我想你的时候，我会到山上踏青，采一束鲜红的杜鹃，让它随溪流给你带去我的思念。

数着一瓣一瓣无数地思念，永远数不尽也数不穷，心中抑不住温馨的祝福。送你一朵勿忘我，愿你拥有生命中的每一天。

你喜欢梅花吗？愿这朵怒放的红梅，能给你带来勃勃生机。祝你新年愉快，身体健康，一帆风顺。

我送你一朵洁白的茉莉，愿微风吹散芳香，飘溢在我们梦一般的回忆里。

我把最红的玫瑰摘下，做成爱的信笺，寄给你——我心中的玫瑰。祝你节日快乐。

我无法为你送上一朵玫瑰，但可以用贺卡捎去我一瓣清纯的心香。

采一朵诚挚的花，依依地镶在你的心灵深处；拨动你的心弦，唱出彼此的心曲……

13. 情感

谢　意

想到你，我不禁要说：假如有更多像你这样的人，世界的美好不知会添几分。

真不知道如何感谢你的礼物和好意，景泰蓝花瓶真美，它给我带来许多快乐。

你真了解我的爱好，你送的礼物实在是我最想要的东西了！

只有在这样的时刻，一个人才会真正领略到朋友的深厚情谊。

你对我的好意，我把它视为友谊的象征，我对你深表感谢。

感谢你们在我生病期间送来鲜花和书籍，而且尤其要感谢你们寄来的许多振奋人心的信，它们给予我的安慰，你们是难以想象得到的。我向你们致以亲切地问候和最衷心地感谢。

你对我的热心关怀，我真不知道怎么感谢你。千言万语，最莫过于向你深情地说声谢谢。

感谢如雪中送炭，感谢如六月轻风，感谢如久旱雨霖，感谢你，对我一切一切的关心。

歉 疚

很抱歉我误了昨天咱们约定一起吃饭的事，下周一在老地方吃饭，如何？

昨日家母患病在身，我不得脱身，因而未能前往机场送行，深为抱歉，请原谅。

昨晨小儿突然患病，以至未能应约参加你的生日晚会，很抱歉，请原谅为盼。

我很抱歉，听说我儿子在你家和你儿子玩耍时打碎了一个价值不菲的花瓶，我想买个新的赔你，或是照价赔偿也行，不知你意下如何？

昨天您大驾光临寒舍，适逢我外出未遇，甚为抱歉，能否明日下午再来？

感 谢

由于有了你这样体贴别人的人，
整个世界才变得更加美丽宜人。
十分感谢你。

你的细心体贴意味着一切，谢谢你。

189

对你的体贴关怀，
我的谢忱你无法猜到有多深。
对你的宽厚仁爱。
在此深表谢忱。

你的体贴关怀给了我巨大的欣慰。

你使我开口微笑，我启口道声"谢谢了"。

感谢你对我的好意和问候。

谢谢你与我共同编织理想、生活和爱情。

因为你最善解人意体贴别人，我给你的当然是最真诚的谢忱。

对你的关心，我怎么谢也谢不完……感谢之至。

你待人赤诚暖心，认识像你这样的人真叫人高兴；
感谢你还要告诉你，也是一种乐趣：你的关心将长存我心。

非常感谢你的周到关怀。

对我如此关心，你真是太好了。

如果人人都能像你对我那样倍加关注，我们的世界将会是多么美好幸福的乐土。

第四章

抒情写作好句

1. 直接抒情

给我以童年欢乐的白雪，我爱你；印我足迹，给我灵性的白雪啊，我爱你！

绿藻似乎微不足道，然而，它确实那么伟大，这正像我们的人民。

这是怎样平凡质朴而又顽强的生命啊！

但它从未有任何不满，一心一意地为人们提供着面粉。

啊，小草，我热爱你，又钦佩你——你，春天的使者，绿色的精灵，希望的箭羽！

我高声赞美叶，更要尽情讴歌那些具有叶之精神的人！

老师，您就是一簇洁白无瑕的葱兰。

天真活泼的小朋友穿着各种色彩鲜艳的衣服，多像百花齐放啊！

心想：王医生真是一位体贴病人，热爱自己本职工作的好医生啊！

啊！玉渊潭公园一年四季有着迥然不同的景色，给人们带来了无穷的乐趣。

绿色是多宝贵的啊！它是生命，它是希望，它是安慰，它是快乐。

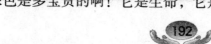

彩虹！一条五彩的带子与天空中的彩虹的两端连结在一起，多么奇妙的景观！

啊！紫竹，我感谢你启迪了我幼小的心灵，使我懂得了学习也要有顽强的毅力。

啊，雪花为了明春，正在献出自己的生命，正在做一个百花齐放的梦。

苏北的芦苇，它多像那朴实无华而又善良正直的可亲可爱的苏北乡亲啊！

我要高声赞美铺路石！更要赞美具有铺路石精神的人。

在党的阳光雨露滋润下，在伟大祖国的怀抱里，我们的生活是多么欢乐啊！

我爱夏夜，尤其爱夏夜里的荷花。荷花啊，你给人间带来了多少芳香，你使多少人心醉不已。

2.　间接抒情

虽然寒风吹萎了它的枝叶，白雪掩埋了它的身躯，但是，只要春天的号角一吹响，它就迎着料峭春寒，顶开坚冷的土块，顽强地展现生命。

你看它傲霜斗雪，顽强挺立，就像顶天立地的巨人一样，时时刻刻守卫着我们的校园。

然而，我要赞美的，却是那低矮的小屋，是那些战斗在"几平方米陋室的人"。

生活的狂风巨浪铸就了蝴蝶花顽强不屈的意志，清冷的秋晨，更显示了蝴蝶花高尚的情操。

我一见那灰暗的都市的天空和荒漠的平原，就怀念着绿色，如同涸辙的鱼盼等着雨水！我急不暇择的心情即使对一枝之绿也视同至宝。

落叶，秋日的精灵，我赞美你。忽然，我觉得自己变成了一片飘飞的叶……

我爱苍劲的松柏，爱挺拔的白杨，爱"卧丛无力含醉妆"的牡丹，爱"水上轻盈步微月"的水仙，然而我更爱你呀，坚韧、朴素的小草！

巍巍兴安岭上的青松，是蒙汉人民世代友谊的象征；滚滚的呼伦河，洒满蒙汉人民的血汗……在故乡的怀抱里，我生活了6年，我深深地爱着故乡的人民。

我尊敬这些为人民辛勤劳动的人，我更尊敬这位年轻的清洁女工。

是啊，当教师一生清苦，一世辛劳，然而，却有一生一世的奉献的富足。

第五章

抒情写作好词

1. 赞美

喜悦　收获　无畏　豪放　粗犷　宽慰　倔强　刚毅珍贵　孕育

雄姿　坚强　丰硕　生机　敬佩　苍翠　朴素　辛劳　清苦　坚守
无私　高雅　崇高　钦佩　牺牲　鲜艳　喜欢　优美　报酬　别致
高尚　勇敢　美化　精湛　灿烂　默默　谦虚　正视　崇拜　胜利
警惕　简明　尊贵　勇士　希望　品性　吸收　新型竞争　现实
当代　空虚　磨练　严肃　幻想　光明　傲然　诚实　健康　忧虑
创新　前途　光芒　满足　茂盛　热血　温柔　永远　黑暗　灭亡
悠久　困苦　勇气　希冀　严格　刚强　斗争　树立　发扬　奋斗
成功　坎坷　高洁　理想　始终　探索　自信　追求进取　决心
珍惜　努力　悲壮　勤劳　俭朴　反抗气节　感触　榜样　繁荣
动员　崛起　丰收　继承　开拓　等待　激情　拼搏　克服　广泛
雄伟　照亮　辛勤　喝彩　蕴藏　顽强　惊天动地　不屈不挠

茁壮成长　电闪雷鸣　生机蓬勃　狂风暴雨　心甘情愿　饱经风霜
倾盆大雨　语不惊人　勤勤恳恳　粉身碎骨　天涯海角　顽强向上
努力攀登　默默献身　勃勃生机　风霜雨雪　无私奉献　振奋人心
积极进取　古色古香　遮光避雨　貌不出众　自强不息　婀娜多姿
坚强无畏　雍容华贵　朝气蓬勃　安然无事　令人钦佩　鞠躬尽瘁
神态庄重　饱经沧桑　无微不至　不甘示弱　坚韧不拔　深有感触
继往开来　兴旺发达　慷慨激昂　丰功伟绩

2. 贬斥

卑贱　粗糙　忧愁　屈服　气馁　侵袭　炫耀　媚人浅薄　破坏

懦夫　恐怖　凶恶　无耻　稚弱　厌世　丑恶　误会　悔恨　颓唐
卑贱　玷污　灾难　邪恶　讨厌　危害　残酷　挫折　自负　禁锢
麻醉　懒汉　屈辱　骄傲　迷信　阻力　孤芳自赏　畏畏缩缩
一蹶不振　自命不凡　盲目自大　目空一切　颓废平庸　不学无术
奴颜婢膝